Why First-borns Rule the World
and Later-borns Want to Change It

兄 弟 姐 妹 心 理 学

为什么第一胎容易当领导，而弟弟妹妹负责改变世界

（Michael Grose）

[澳] 迈克尔·格罗斯 / 著

何金娥 / 译

中信出版集团 | 北京

图书在版编目（CIP）数据

兄弟姐妹心理学：为什么第一胎容易当领导，而弟弟妹妹负责改变世界 /（澳）迈克尔·格罗斯著；何金娥译 . -- 北京：中信出版社，2023.3

书名原文：Why First-borns Rule the World and Later-borns Want to Change It

ISBN 978-7-5217-5205-2

Ⅰ . ①兄… Ⅱ . ①迈… ②何… Ⅲ . ①心理学 Ⅳ . ① B84

中国国家版本馆 CIP 数据核字（2023）第 023100 号

兄弟姐妹心理学——为什么第一胎容易当领导，而弟弟妹妹负责改变世界
著者：　　　[澳]迈克尔·格罗斯
译者：　　　何金娥
出版发行：中信出版集团股份有限公司
　　　　　（北京市朝阳区东三环北路 27 号嘉铭中心　邮编　100020）
承印者：　　北京诚信伟业印刷有限公司

开本：880mm×1230mm　1/32　　　印张：7.75　　　字数：149 千字
版次：2023 年 3 月第 1 版　　　　印次：2023 年 3 月第 1 次印刷
京权图字：01-2023-0455　　　　　书号：ISBN 978-7-5217-5205-2
定价：48.00 元

版权所有·侵权必究
如有印刷、装订问题，本公司负责调换。
服务热线：400-600-8099
投稿邮箱：author@citicpub.com

献给阿斯特丽德、艾拉、马克斯、哈里、

"尼佩尔"、鲁比和格蕾丝。

我们的生活幸福祥和，

充满活力和欢笑。

目录

前　言

你了解关于出生顺序的事情吗？或许你觉得自己很了解。

大多数人凭直觉就知道，出生顺序多多少少会影响一个孩子的成长，却低估了这种影响的实际程度和重大意义。孩子在家里的排行会影响其性格特征、行为举止、学习热情，最终影响其赚钱能力。

2003年，《兄弟姐妹心理学》（*Why First-borns Rule the World and Later-borns Want to Change It*）这本书首次出版时，我想分析清楚出生顺序对人的影响。这本书引起读者的强烈共鸣，他们纷纷来信刨根问底。事实上，这本书在解答了许多疑问之余，似乎也引发了很多疑问："那我们这些处于中间排行的孩子呢？我们属于哪种情况？""为什么我们家老大毫无领导者气质，而是老二在家里做主？""出生顺序也会对双胞胎产生影响吗？""为什么教师队伍里的长子女格外多？""为什么我家小女儿把她爸爸支使得团团转？""独生子女的情况如何呢？"

还有些人对这个话题表示深深的怀疑："性格怎么可能由出生顺序决定？""基因和天性不起作用吗？""我们难道不能自由选择并决定自己的人生道路吗？"

近年来，随着二孩家庭成为许多发达国家的主流，有人问我，这会不会对出生顺序理论产生影响。澳大利亚家庭研究所（Australian Institute of Family Studies）称，澳大利亚将近60%的家庭只有两个及以下子女，中间子女正在消失。这是社会的一大遗憾。小家庭的兴起带来一个新现象，那就是在众多家庭里面，次子女也是幺子女。我称之为"哈里王子效应"。澳大利亚60年前的情形与此迥异，那时候占主流的是四孩家庭。在这种典型家庭里面，四个孩子的排行十分清晰——长子女、次子女、中间子女、幺子女。二孩家庭中没有中间子女，长子女的处境不变，次子女的性格类型则耐人寻味。有一点是确凿无疑的，那就是他们的性格类型会有别于长子女，因为次子女通常是哥哥/姐姐的小跟班。次子女有时会超越哥哥/姐姐而具备长子女的特点，由于性别不同而取得与长子女同等的地位，或者作为幺子女得到全家人的宠爱。

出生顺序理论在本书中会有详细阐述，它着眼于五种排行位置——长子女、独生子女、次子女、中间子女和幺子女。由于很多次子女也是中间子女，本书的第一版将它们合二为一了。如今的家庭规模越来越小，因此兄弟姐妹的排行位置可以宽泛地归为两类：一是头胎子女，包括长子女和独生子女；二是弟弟妹妹，包括次子女、中间子女和幺子女。大致可以认为，头胎子女容易当领导，而包括次子女、中间子女和幺子女在内的弟弟妹妹负责改变世界。

出生顺序并不是一成不变的数字排列，它有很多变量，比如性别、年龄差、养育方式、家庭环境和父母年龄等等，这些都影响着孩子性格的发展和演变。出生顺序的影响不是纯生物学概念，它因环境而异。了解了一个孩子出生时所处的社会环境，就会比较容易理解出生顺序对其性格的影响。如果父母重男轻女而他们头胎生了女儿，那么，两年后出生的男孩就很可能会在家里取得长子女地位。如果姐姐还要帮忙照顾弟弟，那么，两个孩子就会都具有头胎子女特征。只有了解了一个孩子所处的整体环境，我们才能真正理解出生顺序理论。

我在出生顺序研究领域的启蒙导师是莫里斯·巴尔森（Maurice Balson）教授，他鼓励学生把一个家庭的格局看成一个星座，每个孩子都是这个星座的组成部分。正如星座会形成自己独有的图案，孩子会在家庭内部建立独具特色的关系网，因此，脱离了家庭总体状况，就不可能真正地了解一个孩子。

《兄弟姐妹心理学》再版，旨在帮助读者进一步了解出生顺序理论，包括整体社会环境对一个孩子的影响。它会引导你深入探索，细细琢磨家庭内部各成员组成的"星座"。从社会环境和家庭星座两方面入手，你会更加清晰地认识自己和兄弟姐妹，认识子女、伴侣、父母、朋友和同事。

本书再版推出，欢迎阅读。

迈克尔·格罗斯

2021年

1

第一部分

为什么出生顺序
意义重大？

导　语

　　人们近些年才认识到出生顺序对孩子和成年人的影响。20世纪初，奥地利心理学家阿尔弗雷德·阿德勒介绍了关于出生顺序影响人格的理论，从此以后，这一理念时兴时衰。从许多方面来讲，它属于"流行心理学"范畴——颇为有趣，但并无实质依据。到了20世纪后半叶，研究人员弗兰克·萨洛韦（Frank Sulloway）给这个概念赋予了它急需的科学性。萨洛韦在他1996年出版的《天生反叛》（Born to Rebel）一书中公布了研究成果，给予了出生顺序理论合理性和事实依据。

　　经过26年全面、深入的研究，萨洛韦认定，预测一个人是具有领导才能还是强大创造力的最重要因素，就是出生顺序。他系统地研究了北美和欧洲6000名科学家的人生，发现他们在家庭里所处的位置与他们是接受还是抗拒新事物以及是否乐于维持现状有直接关系。长子女坚决捍卫常规思维，弟弟妹妹则倡导创新与发现。

萨洛韦的研究成果还证实，不同出生顺序的人具有各自的特点和品质。通过对196项出生顺序研究的综合研究，萨洛韦证实了以下命题：

·长子女比较乖顺、传统，更有可能与父母意见一致

·长子女比弟弟妹妹更重视取得成就，做事有条不紊，责任心强

·弟弟妹妹更善于交际，乐于合作，为人随和

·长子女嫉妒心强，神经敏感，情绪紧张，不甘失败，容易有压力

·长子女比弟弟妹妹更果断和外向

出生顺序理论真的有意义吗？

出生顺序理论对大多数人基本适用，但并非放之

四海而皆准。人格的形成受多种因素影响，包括遗传、性情、家风以及环境和社会等方方面面的因素。出生顺序只是影响人格发展的因素之一，不过的确是影响力巨大的因素。出生顺序理论确实有例外现象，但如果从整体上观察一个人，且理解了出生顺序起作用的方式以及各种变量对规则的影响，就会发现这些例外也属正常。

按照阿德勒的分析，孩子在家庭里的位置有五种：长子女、独生子女、次子女、中间子女、幺子女。大多数研究者把出生顺序简化为三种位置：长子女、中间子女、幺子女。我采用了三种位置的说法，同时也用了一个章节专门讲述独生子女。独生子女实际上就是地位不可撼动的长子女。凯文·莱曼（Kevin Leman）在《出生顺序新解》（*The New Birth Order Book*）一书中把独生子女称为"超级长子女"，因为长子女的诸多特点在许多独生子女身上更加显著。中间子女和次子女也有共同点，而且我说过，现如今家庭规模越来越小，许多次子女其实就是幺子女。因此，本书有一个章节专门讲述身为幺子女的次子女。

敬请细读。

第一章　性格各异为哪般？

"真不敢相信，我的两个儿子年龄相差不过一岁半，性格却天差地别，简直不像是同一个父亲的后代。"一位母亲在育儿分享会上这样说。在我涉足亲子教育的30年里，诸如此类的话我已经听了不下几百遍。同一个家庭里的孩子性格迥异，这引起我的浓厚兴趣。几个孩子遗传基因相同，由同样的父母养大，生活在同一个社区，上的是同一所学校，到头来却大不相同，这堪称人类发展之谜。

过去，家庭的人数较多，计划生育时有时无、效果不大，出生顺序理论变得不甚清晰。例如，我是家里的幺子，但年龄最小的哥哥也比我大了6岁。我从很多方面来讲跟长子没什么差别，同时我又具有幺子女和独生子女的诸多特点。跟幺子女一样，我的地位不可撼动。到我出生时，毫不夸张地说，父母已经为哥哥姐姐们操碎了心，所以对我比较放任。此外，我跟父母在一起的时间比跟哥哥姐姐们在一起的时间要多，因而比较少年老成，这是许多独生子女共有的体验，有利有弊。

在当今的小家庭时代，出生顺序理论的意义格外重大，孩子们的出生顺序人格非常明显。当家庭规模小且兄弟姐妹的年龄差在两岁以内时，对家庭地位的争夺是最激烈的。像这样的情形，最适合用出生顺序理论来解读。出生顺序对一个孩子的人格发展具有显而易见、不容置疑的影响。

出生顺序理论为什么意义重大

出生顺序理论之所以意义重大，是因为我们都是社会动物，都试图在所属的社会群体里找到自己的位置。我们归属的第一个社会群体是家庭。在家庭中，我们和兄弟姐妹争夺位置、地位和身份。一个地位——比如"有责任心的孩子"——被人占据，我们就寻找下一个。一旦长子女划定了某处领地，弟弟妹妹们就只能分割剩余的地盘。任何一个孩子都会谋求其在家庭里的地位，明白了这一点，我们就能逐渐理解出生顺序的意义。要理解一个孩子的人格与行为，就不能不考虑到家里其他人的人格和兴趣。一旦理解了出生顺序的规则并把所有变量考虑在内，就能一步步准确地勾勒出一个孩子的出生顺序人格。

出生顺序理论就是弄清你在家庭星座中的位置以及这个位置对你的影响。无论你是老大还是老幺，是两个孩子中较大的、独生子女还是双胞胎之一，抑或是上有兄姐下有弟妹，你的排行都从诸多方面影响着你的人生。它会影响你在学校的成绩，在一定程度上决定你的职业选择乃至从业时间，并且在一定程度上决定你的择偶观。你的排行以及伴侣的排行将对婚恋的成败产生影响。它还将对你如何择友以及拥有多少朋友产生影响。根据《新科学家》（New Scientist）周刊登载的一份意大利研究报告，出生顺序会影响你的健康状况，甚至决定着你患心脏病的概率。长子女比弟弟妹妹更容易患心脏疾病，大概是因为他们压力更大，更焦虑。但在兄弟姐妹中的排行并不是未来成就、健康和财富的唯一决定因素。作为有认知能力的动物，我们在人生的任何一个阶段都可以决定自己的行为、感受和表现。我们不会任由遗传因素摆布，也不会始终按照预定方式行事。因此，出生顺序带来的是可能性，不是必然性。但这些可能性和模式很有趣！

尝试回答以下问题，看看你对出生顺序了解多少：

以下哪种描述更符合（1）长子女（2）中间子女（3）幺子女（4）独生子女？

（a）不明白他是怎么做到的——他的房间总是乱糟糟的，但他无论想找什么东西都能一下子就找到。

（b）琼很会花言巧语。她看起来很天真，并且总是知道该如何达到自己的目的。她总有一天会成为出色的推销员。

（c）菲尔必定会成为科学家。他热爱数学，对精确与完美的追求让人抓狂。

（d）埃拉有很多朋友。她是个多面手，尤其善于跟人打交道和谈判。她将来一定会成为外交官，为她当国家领导人的大哥效力。

（e）相较于跟同龄人，杜尚跟长者相处得更好。很多人觉得他以自我为中心，因为他不太乐于分享。

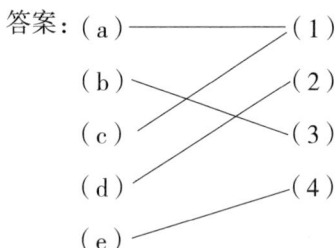

答案：（a）————————（1）
（b）　　　　　　（2）
（c）　　　　　　（3）
（d）　　　　　　（4）
（e）

如果你认为（a）是对长子女的描述，那说明你知道，长子女未必井井有条，但喜欢掌控一切。他们的房间和桌子或许乱糟糟的，但他们很清楚每样东西在什么地方。这就是长子女的特质。

如果你发现（b）与自己相符，那你十有八九是家里的幺子女，有办法让聪明能干的哥哥姐姐都听你使唤。你能施展魅力，并且很清楚自己在干什么。

如果你注重细节，无论做什么事都精益求精，那你就和（c）里面的菲尔差不多。

中间子女通常最为随和，天生善于谈判，一如（d）里面的埃拉，是交际高手。

如果你认为（e）里面的杜尚是独生子女，那想必你明白，这些孩子只是生来就不像其他孩子那样有机会分享时间、空间和物品。

当然，这些特点并非放之四海而皆准。有时候，长子女表现得像幺子女，次子女表现得像长子女。你会发现，一个家庭里面可能会有不止一个长子女。但那是后话。出生顺序理论有很多变量，不过只要你弄清基本概念，就能轻而易举地解释诸多特殊情况了。例如，办公室主任贾丝明是五个兄弟姐妹中的老四，却表现得像长子女一样。她讲究效率、有条不紊、关注细节。她擅长制定规章与流程，让办公室的运转如钟表般精准。这些是典型的长子女特质，所以当得知她并非家中的长子女时，我多少有点惊讶。经过几次交谈，我很快了解到，她实际上在家里被当成老大。相隔最近的姐姐比她大五岁，这就让她在弟弟面前实际上具有老大的地位。她要做很多家务，弟弟却什么都不用管。母亲有全职工作，照顾弟弟的重任就落到她的肩上。做饭、洗衣、陪护等等，全都是她的活儿。在这种背景下，她锻炼出超强的组织能力也就不足为奇了。她从小就学会了合理规划，区分轻重缓急，按部就班地完成所有任务。她在家里不是最早出生的，却担负起长子女的职责，习惯于掌控事态。

出生顺序知识有什么用处

透过出生顺序理论的多棱镜观察他人，你会更加清晰地看出人与人的差别。由此形成的技巧和想法还会帮助你与家人联络感情，帮助你与同事和生意伙伴建立融洽的关系。你还会对自己有更深入的了解，因为了解关于出生顺序的知识其实是一种自我认知。

几年前，在我举办了一场关于出生顺序的讲座之后，一名听众急匆匆地冲过来对我说，我的讲解让他茅塞顿开。他和哥哥已经好几年不联络，都觉得对方和自己合不来，不是一类人。他向我讨要了一盘演讲录音带，说要让他的哥哥听一听。这个年轻人说，出生顺序知识让他顿悟了他与哥哥之间的差异。

　　沟通高手善于欣赏与自己不同的人并与之合作，而与志同道合的人往往会打成一片。下次去酒吧或其他社交场所时，不妨注意观察一下，你会看到各个小圈子里的人都有共同点。同一个圈子的人很可能会着装风格相似，年龄相仿，甚至住在同一片地域。跟仪表、举止和想法相近的人在一起能让我们感到踏实，我们乐于与之交往的人多半与我们三观一致，而且有着相同的排行。

　　但我们有时会过于追求这种踏实感。许多管理人员和小型企业老板苦恼地发现，他们在选人、用人时，会不经意地被自己误导，总是挑选与自己志趣相投而非相左的人。如果我们重视条理性，那么十有八九会聘用做事有条理的人。如果我们富有创造性，喜欢有感而发，那么十有八九会提拔同道中人。然而，卓越的团队需要由各种各样的成员组成，他们不仅要各具才能，还要在性格、素质和工作方式上互补。

　　出生顺序知识有助于理解他人与自己截然不同的个性。它会帮助你明白老板为什么那么追求完美、吹毛求疵——因为他是家中长子；前台接待员之所以热情得让人难以招架，原来是因为她上有兄姐下有弟妹，比其他排行的人更擅长与人打交道；

旁边那张办公桌上的姑娘每天下班都不记得关电脑，那很可能是因为她排行老幺，从小就没自己动手整理过书包——要么是因为有父母或兄姐代劳，要么是因为父母太累而懒得督促她。

如果你所在的办公室里有个人听不进去任何批评，并且掌控着从打印复印到每个星期一次的大扫除等一切事情，这个人准保是长子女。请理解，这位说一不二的同事作为家里的老大，从小就要照顾弟弟妹妹。许多长子女不接受批评，却凡事都想干预。如果你的好朋友总是衣着时尚、发型新潮，而你总是打扮随意，那很可能你的朋友是长子女而你不是。理解并欣赏与我们不同的人，就能在工作和生活中与他人融洽相处。

出生顺序知识对工作大有助益。几年前，一个朋友向我诉苦说，他的公司运营顺畅，销量却好几个季度连续下滑。这个消息让我颇感意外，因为他们公司专门向大中型企业销售教育培训方案，产品堪称一流，导师出类拔萃，营销策略无懈可击。这位朋友手下没有专门的销售人员，他把销售任务分派给行政管理团队。这些人都接受过销售流程和电话技巧的培训，但工作时总是落实不到位。我问他知不知道承担销售任务的那些人在兄弟姐妹中排行第几，他耸耸肩，一脸茫然。我建议他查一查公司员工以及电话销售业务负责人的排行，他答应了，却不明白我的用意何在。调查结果不出我所料。他这家小公司的员工几乎全是长子女或者事实上的长子女。这些人通常做事有板有眼，却不适合从事销售工作。如果说幺子女擅长销售而长子女对此一窍不通，或许过于简单化了，但喜欢从事销售工作的幺子女比其他出生顺序的人都要多，这绝非偶然。俄亥俄州立大学2001年的一项调研结果显示，律师和会计里的长子女多于其他排行者，这同样绝非偶然。这些职业需要人注重细节，并甘于寂寞，与长子女的出生顺序人格十分契合。

多年前我供职的一家亲子培训机构将出生顺序知识运用到了极致。我和同事也经常会运用这一知识来吸引听众和客户，我们会通过一个家庭的"现身说法"来展示育儿原则。活动一开始，我们会请家长聊聊自家孩子的个性和表现，通常聊的是长子女。即使我们不要求从长子女说起，大多数家长也会主动地先说长子女的情况。大哥大姐似乎天生就会为弟弟妹妹奠定基调。听完对老大的介绍，我们就会开始描述家里其他孩子的情形。还原度之高，让无论是当事家长还是其他听众都惊诧不已。其实这并不稀奇，我们不过是依据一些坚实的心理学原则做出推断。只要知道了一个孩子的个性并了解了家庭格局，就不难勾画出其他孩子的表现、个性乃至兴趣。我和同事凭借这种心理学知识，赢得了听众的信赖。

出生顺序知识有助于加深对手足之情的认识。常有人向我讲述他们的排行故事。很多人表达出对兄弟姐妹在家中所受待遇的不满。长子女倒的苦水最多，理由是弟弟妹妹得到更多偏袒和宠爱。

举个例子：

我是家里的老大，妹妹比我小两岁半。虽然我们姐妹俩一直感情深厚（到现在二十多岁依然如此），但我总觉得周围人，尤其是父亲对我抱有很高的期望，对我很严格，对妹妹却放任自流，她就算闯了天大的祸都没事。我妹妹最恼火的一点是，别人总称呼她为"莉萨的妹妹"。所以，当我离开家几年后回来时，听到大家叫我"埃琳的姐姐"，她别提多高兴了。而我呢，人们一见到我就说"哦，你是尼尔的女儿"，我自然就要表现得好一点，因为"这个人认识爸爸，我不想给他丢脸，让他难堪"。在我看来，尽管父母也想将一碗水端平，但长女身份让我压力很大。

出生顺序知识有助于加深对子女和自己的认识。父母往往对不同排行的子女有不同的预期，很多人想必都听到过"他是家里的老大""她是全家人的宝贝"这样的说法。孩子们会在与兄弟姐妹的相处中发展出自己的个性，父母应根据实际情况灵活应对。长子女往往有着与弟弟妹妹不同的特点，因此，在一个孩子身上取得成功的育儿原则到了另一个孩子身上可能会完全失效。幺子女可能会把依赖性发挥得淋漓尽致，让重视独立性的父母心急如焚。"我怎么才能让这个孩子学会自立？"这是许多家长在谈起幺子女时的哀叹。但这些孩子照样活得风生水起，他们善于让别人替他们解决难题、克服困难。孩子们常常会利用自己在家里的地位来满足个人需求。幺子女能支使哥哥姐姐，哥哥姐姐则竭力想得到父母的赞赏与认可。

出生顺序理论也适用于重组家庭。我惊讶地发现，许多重组家庭里的父母忽视了孩子们在原来家庭里的排行。美国20世纪70年代的电视剧《脱线家族》（*The Brady Bunch*）讲述了一个重组家庭的幸福生活，但很显然，编剧在构思情节和编写台词的时候根本不懂出生顺序理论。在由两个家庭重组的新家里面，三个女孩、三个男孩各有一个毫无血缘关系的同龄手足，这是必然要引发敌对情绪的。假如编剧尊重现实，那么，其笔下年龄相仿的长子和长女应该会不断爆发冲突。两个人会争夺老大地位，直到分出高下。在我看来，如果这是一个真实存在的家庭，那么，原来家庭的长子和原来家庭的长女一旦成年并具备经济能力，其中一个就会马上搬出去住。弟弟妹妹们也会明争暗斗，力保各自与原来家庭里排行相应的地位和特权。不难想象，年龄最小的弟弟和妹妹都想继续做全家人的宝贝！

出生顺序知识有助于维护伴侣关系以及双方共同抚育儿女。我相信异极相吸，性情不同的人往往能组成最稳固的团队和伴侣。长子女喜欢照顾他人，幺子女则乐于受人呵护，这样的两个人自然是天作之合。不过，跟人生观与自己完全不同的人一起生活就不那么美好了。如果你认为生活应该多姿多彩，那么跟严格遵循每日常规的人一起生活就会觉得烦闷。次子女奉行随遇而安，长子女喜欢精心规划每一天，这样的两个人在一起生活，必是重大考验。长子女排斥不确定性，身为弟弟妹妹的伴侣却会给他们制造惊喜，让两个人之间保持和谐。长子女或许并不喜欢面对意外情况或有失控感，但生活中偶尔的惊喜也能让他们感到愉悦。

出生顺序知识有助于互谅互让，这是人与人相互扶持的第一步。接下来的章节会揭示，无论是育儿、工作还是婚恋，应对各个排行的人都可以有一套行之有效的技巧。

第二章　解密出生顺序

对着一大群人讲解出生顺序理论，场面会很奇怪。在我谈到每个排行的常见特点时，听众通常有两种大相径庭的反应。一类人边听边不住地点头，因为他们在我的描述中看到了自己或者他们的子女。这类人常在讲座结束后对我说，我描述得太准确了，一定是认识他们的孩子。另一类人听了我的解释直摇头，或者满脸疑惑。他们的普遍想法是，"你说的这些或许适用于大部分孩子，但跟我家孩子的情况完全不一样"。这并不意味着出生顺序理论不适用于这些家庭或个人。出生顺序理论受多种变量影响，了解了这些变量，有些孩子与既定模式不符或者行为举止超出预期也就讲得通了。一个孩子的个性和表现由各式各样的因素共同促成，出生顺序只是其中之一。要弄明白出生顺序对人格发展的影响，就必须了解这种种因素。

一切都离不开家庭框架

不知为什么，家长关注子女间的不同之处多于关注相似之处。许多家长急于掌握孩子们的表现、兴趣和性情，面对他们的差异会心乱如麻。一个孩子热爱学习，另一个孩子很聪慧却无心学业；或者，一个孩子是责任心强的楷模，另一个孩子却连最简单的家务都不愿去做。这些差异令人沮丧。当一个孩子表现失当或者达不到父母的预期状态时，这些差异还会被无限放大。

尽管差异显而易见，但细心观察，会发现其实同一个家庭里子女的共同点更多——孩子们有很多共同的性格特点和价值观念。例如，我的三个孩子乍一看各不相同，却有三个重要的共同特征：高度独立、职业道德感强、为人随和。几个孩子都已经成年，他们的这些共同特征，体现了我们家的价值观念。作为父母，我和休始终鼓励他们勇于冒险，解决难题，照顾好自己并相互照顾。"绝不代办孩子自己能做到的事情"是我们家的默认原则。因此，几个孩子从小就在方方面面表现出非凡的自理能力和独立性。每个孩子都曾经长时间出国背包旅行，回来后，他们就离开家里的安乐窝独自生活了。他们都有很强的职业道德感，这是父母以身作则传教给他们的。"一分耕耘一分收获"是家里的另一个信条，直到二三十岁，几个孩子仍然秉持这一信念，坚持边工作边学习。我们家始终鼓励彼此积极参加外界的社交活动。这些年来，家里客人不断，我们接待过数不清的朋友和同事。于是，孩子们也都很好客，经常邀请人来家里聚会。一个家庭展现出来的价值观念能帮助孩子们学会和睦相处和应对各种局面。

家庭是孩子人生的大背景，出生顺序则是每个孩子借以看世界的多棱镜。

家庭框架＝价值观念＋家庭氛围＋育儿风格＋家人关系

这个框架决定着孩子如何看待世界以及家人之间的关系，也决定着他们的这些看法对其性情产生什么影响。活泼融洽的家庭所形成的框架完全不同于气氛紧张或者严肃凝重的家庭。宽松家庭的长子女依然可能是所有兄弟姐妹当中最有责任心、做事最认真的孩子，但比刻板家庭的长子女要从容随和得多。同样，规矩严明家庭的幺子女依然比哥哥姐姐拥有更多的自由，但自由度远不及放任不管家庭的幺子女。

家长的育儿风格会影响子女当前和未来如何看待世界。每个孩子都有自己的生活方式和人生观，这是他们为人处世的指导原则。例如，有的孩子想掌控一切，也有的孩子做什么事都争强好胜，还有的孩子竭力取悦他人。家长过于严格管束或过于放任自流都会导致孩子的生活方式出现问题。最恰当的育儿方式是把握分寸，既讲究秩序和限度，又给予自由和选择权。各种证据表明，这种方式最有可能培养出自信、大度的孩子。

父母之间的关系和亲子关系对孩子今后的人际交往也有影响。有些家长为人热情开朗，开诚布公，通过言语和身体动作表情达意。与此形成鲜明反差的是，有些家长为人冷淡，不轻易表露情感，喜怒不形于色。现实生活中，大多数家长介于这两者之间。在与人交往方面，男孩会学习父亲，女孩会学习母亲。如果父亲常陪孩子玩耍却拙于用言辞来表达爱意，那么，儿子很可能会以同样的方式对待他人；如果母亲是情感外露型的，那么，女儿就会以此为榜样。一种例外情况是，假如父母其中一方特别强势，其作风就会凌驾于所有人之上，成为全家人的准绳。父母的为人之道对子女的为人处世方式具有长远的影响，这一点毋庸置疑。

出生顺序不是简单的数字排列

要真正弄懂出生顺序，绝不能把它看成简简单单的数字排列而已。长子女有特定的行为特点，但有时候，次子女的所作所为犹如长子女，甚至幺子女偶尔也会像长子女。重点在于孩子实际上发挥的作用，而不是他们的排行位置。如果长子女的行为举止像老幺，那么，这个家庭里面的次子女八成在发挥长子女的作用。为了更好地理解这一现象，下面我们来深入了解一下影响出生顺序人格的各种变量。

对出生顺序人格有影响的常见变量

年龄差

兄弟姐妹的年龄差大概是对出生顺序人格影响最大的变量。出生顺序之所以对孩子影响巨大，就是因为兄弟姐妹要争夺父母的关注和夸奖。当兄弟姐妹的年龄差在两岁以下时，竞争会格外激烈。年龄相近的兄弟姐妹是彼此的一大威胁，因为弟弟妹妹会跟哥哥姐姐一样能干、一样聪明，而且个头也差不多。例如，对一个6岁的孩子来说，最可怕的莫过于有一个4岁的弟弟/妹妹——两个人都能听懂大人的话，表达自己的想法，向父母炫耀自己的新本领。为了让弟弟/妹妹安分守己，这个6岁的孩子必须要么向他人证明自己的乖巧伶俐，要么向父母指出这个4岁孩子的蠢笨无能。

一位母亲告诉我，5岁的女儿从学校带回来一幅画，自豪地举起来给全家人看。7岁的哥哥瞟了一眼就说："你用的颜色太单调了，狗狗比人还要大，而且画面没填满。"见哥哥并不像爸爸妈妈那样赞不绝口，妹妹一下子就变得垂头丧气。身为长子的哥哥其实想对妹妹说的是："你最好记住，你永远比不过我。"只要感觉到妹妹在他看重的领域对自己构成威胁，他就会不断予以打击。小姑娘也许渐渐地会学得聪明一点，有意识地避免在哥哥面前跟父母谈论她的学业。她也有可能渐渐失去信心，最终在不断遭受哥哥批驳的领域失去兴趣。这时父母要做的是，帮助女儿与哥哥友好相处，让她保持强烈的自我意识。

年龄差越大，兄弟姐妹之间竞争越小。10岁的哥哥/姐姐毫无必要跟4岁的弟弟/妹妹争宠，其优势地位已经牢不可破。假如年龄大一些的孩子体弱多病或天生有缺陷，那就另当别论了。

现如今的家长往往精心规划，刻意让子女之间只相差两三岁。这样做的好处显而易见：一个家庭里的孩子们多多少少会一起度过人生各个阶段。从许多方面来讲，如果几个孩子年龄相近，养育起来要容易一些。在我的原生家庭，孩子之间年龄相差很大，父母不得不一面筹划我姐姐的婚礼，一面为我上学做准备。这对任何家长来说都是让人筋疲力尽的事情。因此，我父母总是焦头烂额、疲惫不堪。我渐渐察觉到，只要稍稍施加一点压力，母亲就会不胜其烦，立刻答应我的请求。我自己的家庭则经过了比较周密的规划，四年里生下了三个孩子，不过也有人会认为这简直不可思议。这样安排的好处是，几个孩子同时经历各个人生阶段，我们不必像有些家长那样，每天早上要开车先把一个孩子送到幼儿园，再把另一个孩子送到大学。年龄差小的子女容易管理，家长会轻松很多，这一点让人羡慕，但这也必然会出现孩子之间彼此对抗的现象。

1960年我的原生家庭

父亲——六个孩子（有男有女）中的老大

母亲——两个孩子（都是女孩）中的姐姐

女儿——16岁

女儿——14岁

儿子——10岁

儿子——4岁

　　当与哥哥/姐姐的年龄相差五六岁时，弟弟/妹妹往往也会具有长子女的特点。从许多方面来讲，这个孩子开启了一个新的小家庭，即便此后再没别的孩子出生。我的原生家庭里形成了界限分明的两个小家庭——三个哥哥姐姐组成的小家庭和我开启的另一个小家庭。假如没有我，这会是一个非常典型的三孩家庭。跟许多长子女和次子女一样，两个姐姐性格迥异。哥哥会是标准的幺子女。然而，我的到来改变了这一切。

　　在我的原生家庭中，有三个孩子表现出长子女倾向。由于我和哥哥的年龄差很大，我的实际角色也很像长子。虽然我没有弟弟妹妹，却是新生小家庭的老大。我哥哥和二姐的年龄也相差较大，所以实际角色也很像长子。跟两个姐姐在一起的时候，他是小弟；跟我在一起的时候，他是大哥。父母经常让他照看我，所以他必须当个负责任的兄长，并且给我树立榜样。他很小就参加了工作，所以我在成长过程中跟独生子女差不多。不过，到我出生的时候，父母已经没有精力事无巨细地照顾我，所以我享受了幺子女常有的宽松的、放任的环境。我是家里的老幺，却承担了诸多长子女的重任，因此具有幺子女的诸多优点，而鲜有这个群体的种种缺点。我哥哥排行第三，当过六年的老幺，实际角色却更像长子女而不是中间子女或幺子女。在分析出生顺序人格的形成时，一定要考虑到每个家庭的具体情况。

性别

出于生物学和社会学两方面的原因，性别对孩子的人格有着重要影响。尽管现如今人们有意识地打破性别成见，但男孩和女孩步入社会的过程有所不同，父母和周围人对他们的态度也就不一样。即便是在同一个家庭当中，新生儿是男是女，引起的反应也会不一样，这既取决于习俗和父母的期望，也取决于家里其他孩子的性别。假如父母已经有了三个儿子，第四胎终于生出女儿，那她的待遇肯定会不同于又是儿子的第四胎。

在我自己的家庭里，分析出生顺序对人格的影响就有必要考虑到性别因素。从某种角度来讲，我有两个长子女——儿子和紧随其后出生的女儿。萨姆是家里的标兵，无疑享有长子之尊。他知道自己是老大，也时时提醒其他人别忘了这个事实。埃玛是两个女儿中的姐姐，所以有着明显的长子女倾向，同时跟许多中间子女一样灵活变通，且善于交际。假如我们家老二是男孩而非女孩，这个孩子就很可能会更像一个次子女，最小的孩子则会是唯一的女孩。性别与其他所有孩子都不同的幺子女在家里有着特殊地位，他们往往受到百般溺爱和呵护，紧邻的哥哥姐姐会对他们充满嫉妒。家里唯一的男孩/女孩会对排行相邻的异性兄弟姐妹造成巨大压力。

生物学上的影响因素在于，女孩成熟比男孩早。我经常看到，有一个年龄相近的妹妹的长子不仅学习吃力，连体育成绩都不行。如果兄妹俩年龄相差不大，两个人在发育方面就会不相上下。长子女总希望在能力上胜过弟弟／妹妹，而对男孩来说，最难的事情莫过于超越紧随其后出生的妹妹。我见过许多长子因为竞争不过同样优秀甚至比他更优秀的妹妹而在学习上放弃努力，这绝非偶然现象。随着家庭规模日渐缩小，乐于"儿女双全"的父母增多，这种现象似乎更常见了。

育儿期望与出生顺序

前面我讲了家庭框架（由价值观念、家庭氛围、育儿风格和家人关系构成）在孩子的人格形成过程中发挥的作用，出生顺序正是在家庭环境中对孩子的人格产生影响的。我们要考虑到的一个变量是家长自身的排行。家长往往会不经意地认同性别和排行与自己相同的子女，对这个孩子会格外亲近。很多年以后我才意识到，我对小女儿萨拉很偏心。哥哥姐姐都长大了，有了自己的社交生活，一个个离开了家，萨拉渐渐地要独自与父母共度"亲子时光"。我作为小儿子曾经体会过这种处境，于是想尽办法补偿这种新滋生的"孤独感"，建议萨拉郊游时带上朋友，以免她感到孤单。我的这种做法或许无济于事，却凸显了父母自身童年经历对其育儿方式的影响。从许多方面来讲，我对小女儿的偏心表现为娇惯。幸好，身为次子女的妻子做事不偏不倚，能帮助我理智行事。

假想家庭

母亲——三个孩子（有男有女）中的老大

父亲——两个孩子（都是男孩）中的哥哥

儿子——12岁

女儿——10岁

儿子——7岁

观察一下上面这个假想家庭，猜猜谁会在家里最受宠，过得最逍遥。我猜测，位于中间的女儿会最受宠。父母往往强烈认同与自己排行相同的子女，身为长子女的两个家长很可能会不满小儿子的懒散。因为父母把大部分期望都倾注在长子身上，而且有一个不爱冒险、事事出色的哥哥，老二会很轻松。这个家庭里的长子大概最不容易。身为长子女的父母望子成龙，他们高度重视条理性，想必会给予这个男孩很大的压力。长子很可能会一出生就拥有银行账户，刚满周岁就开始上各种早教班，还没学会走路就被在五花八门的学习机构报了名！

随着家庭规模缩小，长子女在人口中所占的比例越来越大。根据澳大利亚统计局的数字，如今约50%的孩子是长子女。这影响到他们人生的方方面面，包括婚姻、工作乃至育儿。越来越多家庭里面的两个家长都是长子女，他们无疑会让家庭运转得十分高效，但我也怀疑这是否会导致家里弥漫着焦虑、压力和僵化气息。

出生顺序统计

出生顺序统计有助于你认清兄弟姐妹间的格局,从而发现父母或监护人的出生顺序对养育儿童的影响。

统计要尽可能准确。用三四个词描述每个孩子的个性、性情和能力。不要先入为主地把每个孩子的排行与出生顺序人格联系起来。选择你和伴侣认为最能准确描述每个孩子的词。你不妨和伴侣各自统计,然后交流看法。我猜想你们各自的出生顺序特点也会在分歧中体现出来。

解读出生顺序统计结果时,请注意以下几点:

1.家庭规模。二孩家庭的内部运转情况会跟五孩以上家庭大不一样,育儿方式更有针对性,更有可能事无巨细地管理孩子。

2.家庭星座。在家里的位置会影响每个孩子的个性、兴趣和能力。比如,二孩家庭里的老二可能会有幺子女的倾向,五孩家庭里的老二则更有可能需要担负责任,尤其是如果其性别不同于老大的话。

3.兄弟姐妹的性别。性别在家庭氛围中起很大作用,从许多方面影响出生顺序人格。例如,如果头胎生了儿子,紧跟着又生了女儿,那么,由于女孩比男孩成熟得要早，这个女儿可能会扮演起"能干的姐姐"角色，儿子却沦落到老二地位。

4.兄弟姐妹间的年龄差。年龄差越小，兄弟姐妹越有可能成为竞争对手，进而导致个性上的差别。一旦兄弟姐妹的年龄差超过五岁，排行就会重新开始，家里就会出现两个长子女。

家长/监护人：＿＿＿＿＿＿＿ 排行：＿＿＿＿＿＿

家长/监护人：＿＿＿＿＿＿＿ 排行：＿＿＿＿＿＿

家长/监护人（不同住）：＿＿＿＿ 排行：＿＿＿＿

家长/监护人：＿＿＿＿＿＿＿ 排行：＿＿＿＿＿＿

子女：＿＿＿＿＿＿ 性别：＿＿＿ 年龄：＿＿

描述：＿＿＿＿＿＿＿＿＿＿＿＿＿＿＿＿＿＿＿

子女：＿＿＿＿＿＿ 性别：＿＿＿ 年龄：＿＿

描述：＿＿＿＿＿＿＿＿＿＿＿＿＿＿＿＿＿＿＿

子女：＿＿＿＿＿＿ 性别：＿＿＿ 年龄：＿＿

描述：＿＿＿＿＿＿＿＿＿＿＿＿＿＿＿＿＿＿＿

子女：＿＿＿＿＿＿ 性别：＿＿＿ 年龄：＿＿

描述：＿＿＿＿＿＿＿＿＿＿＿＿＿＿＿＿＿＿＿

子女：＿＿＿＿＿＿ 性别：＿＿＿ 年龄：＿＿

描述：＿＿＿＿＿＿＿＿＿＿＿＿＿＿＿＿＿＿＿

家长年龄

出生顺序的影响力与家长的年龄有一定关系。凯瑟琳·萨蒙（Catherine Salmon）在《中间子女的秘密力量》（*The Secret Power of Middle Children*）一书中说，年龄较大的父母会比年轻父母在孩子身上投入更多精力，因而其子女受到的关注更多。父母年龄较大的话，长子女承受的压力会格外大，原因大概有两个。第一，年龄较大的父母一般来说人生和事业都已经稳定下来，更有精力和财力给予孩子尽可能高的起点。我的经验是，年龄较大的父母在养育孩子方面往往不敢有一丝疏漏，以致家庭气氛总是绷紧了弦。第二，而立之年以后才生孩子的父母更感觉生儿育女时间紧迫，因此育儿更为精心。

如果萨蒙的观点没错（实际上我认为她说得完全正确），那么，发达国家的30岁以上的家长增多是出生顺序评测中要考虑的一个重要因素。在澳大利亚，过了30岁才生孩子的女性在短短30年内增加了一倍。据澳大利亚家庭研究所调查，1991年，23%的母亲过了30岁才生头胎。2016年，这个比例上升到48%，变化十分惊人。过了30岁才生头胎的女性占将近一半，晚育已成常态。

个人性情

讨论出生顺序对孩子的影响时，一定要把性情考虑在内。人们常常把性情与性格搞混，但这两个概念是有区别的。性情有永久性，它与生物学的关联性强于性格，后者包含的属性更广。澳大利亚性情研究项目（Australian Temperament Project）对性情和性格的区分是："这两个词之间没有明确的界限，但通常认为，性情代表了与生俱来的行为举止的'风格'，早在一个人积累起足够经验形成性格之前的童年时代，它就已经显现出来。"

孩子的性情往往保持一生，但的确会因为经历而稍有变化。孩子的性情决定着他与别人的交往。腼腆的孩子与兄弟姐妹打交道的方式会完全不同于嚣张的孩子。到了三四岁，性情就已基本定型。孩子的性情也会影响别人对待他的方式。澳大利亚性情研究项目指出，成年人往往比较喜欢热情开朗的孩子，对消极内向的孩子则不太有好感。

研究结果显示，虽然孩子的性情会变，但不会从一个极端走向另一个极端。腼腆的孩子有可能变得稍微开朗一些，但不会成为班上最合群的孩子。澳大利亚性情研究项目已开展了18年，与其他众多同类研究一样，它的研究结果显示，影响孩子发展的因素多种多样，有先天的，也有后天的。先天遗传赋予人某种性情，但家庭以及范围更广的社会环境会对性情进行塑造。从许多方面来讲，孩子的性情也有塑造的潜能。

第三章　家庭环境中的影响因素

出生顺序并不仅仅是有序排列的一组数字。人的发展是错综复杂的。如前文所述，有很多变量对孩子的人格产生影响，有社会方面的，也有环境方面的。应该把出生顺序看成一幅家庭位置星座图，家里每个孩子都影响着兄弟姐妹的人格、兴趣和行为。只有了解了家庭的格局，出生顺序理论才能说得通。在前一章，我们探讨了在理解一个孩子的出生顺序时要考虑的变量，现在我们深入探讨几种常见的有可能对家庭星座产生影响的情况。

有兄弟姐妹夭折

一般而言，一个孩子的夭折会大大改变出生顺序的影响力，具体与这个孩子夭折时的年龄及其所处的家庭位置有关。如果兄弟俩当中的哥哥在10岁或11岁时夭折，那么，弟弟就会突然间成为长子。由于他10多年来已经习惯了弟弟的身份，与在三四岁时经历这种事情相比，他会更难以承担起长子职责。

这个孩子要承受的压力很大，尤其是如果哥哥曾经责任心很强且十分优秀的话。哥哥在过去10年一直是有责任心的老大，渐渐地成为偶像，如今弟弟要活在他的影子里，因而会倍感压力。如果一个孩子夭折，年龄最接近的弟弟/妹妹往往就会出现某种情绪、行为或学习上的问题。父母会渐渐忘掉夭折孩子的种种缺点，并对他的优点念念不忘，因此做他的弟弟/妹妹实属不易。童年时失去兄弟姐妹的人成年后常说，他们小时候不得不扮演双重角色——既要做自己，又要扮演去世的兄弟姐妹。大多数时候，他们根本不可能再现去世的兄弟姐妹留给家人的回忆。

如果家里有三个孩子而长子在5岁时夭折，身后留下排行老二的妹妹和襁褓中的弟弟，那么，这个女孩很可能会成为老大，弟弟则很可能享受长子待遇。他很可能会具有哥哥的许多特性，这要看姐姐填补了什么样的角色。孩子在幼年夭折会影响到父母如何养育和看待存活下来的子女。在小家庭中，存活下来的子女往往自然而然被视为全家的宝贝并受到过度保护——父母会竭尽所能地保护存活下来的孩子，不让他们承受丝毫风险。

收养

如果在孩子尚在蹒跚学步的年纪收养他，那就不大可能对出生顺序产生影响。如果父母收养一个5岁以上的孩子，那这个孩子的出生顺序人格很可能已经形成。从小是老幺的孩子即使在收养家庭里排行老大或者是唯一的孩子，他也未必会表现得像长子女。如果你收养一个比亲生子女要大的孩子，那么，亲生的长子女恐怕不会乐意自己的老大地位被人推翻，很可能会敌视这个"入侵者"。切记，孩子都不喜欢自己的地位被取代或降级。他们通常不介意弟弟妹妹的位置被人取代，因为那能增强自己的地位。但如果自己是全家人的小宝贝就不一样了，孩子不愿失去这个特殊地位。

重组家庭

现如今离婚率和分居率比较高，结果之一就是重组家庭的现象增多。为什么称之为"现象"呢？因为这样的家庭居然能维系，堪称奇迹。两个家庭重组到一起，与其说是融合，不如说是碰撞。重组家庭中的生活准则和规律不同于其他家庭。重组家庭从本质上讲是原生家庭破裂的产物，彼此憎恶、对亲生父母的背叛感、对原生家庭的怀念，都是重组家庭中成员的共同点。重组家庭的父母跟亲生子女在一起的时间比他们跟新配偶在一起的时间要长，因此，在亲生子女与新配偶之间，他们往往难以抉择。

如果是在孩子还很小的时候重组家庭，家庭生活往往要平和简单得多。但如果孩子们基本都已经过了5岁，出生顺序人格已经形成，继父母的日子恐怕就很难熬了。切记，孩子的出生顺序人格到五六岁就定型了。此后，出生顺序人格会有小幅度的变化，会顺应不同环境有所调整，但不大可能发生巨变。一旦为长子女，则终生为长子女，其他排行亦然。

凯文·莱曼在《出生顺序新解》一书中强调："重组家庭不会造就全新的出生顺序人格。一个长子女不会因为突然有了一个来自继父母的哥哥/姐姐就不再严格自律、做事有条理或追求完美，丧失责任心。同理，幺子女因为父母离异和再婚成为中间子女，却不会突然改变人格。他仍然爱炫耀，喜欢被人关注，喜欢操纵他人，爱撒娇，等等。"

假想重组家庭

母亲（独生女）　　父亲（长子）

儿子——13岁　　儿子——15岁

儿子——11岁　　女儿——13岁

女儿——8岁

如果你是这个假想重组家庭里的孩子，你希望自己是哪一个？哪个位置最不受关注？如果两个长子在性格上都不肯认输的话，他们会争夺对弟弟妹妹的控制权。除非母亲的长子个性非常强势甚至咄咄逼人，而父亲的长子非常胆小（身为长子的父亲不大可能有这样的长子），否则胜出的必定是年龄大的长子。母亲的二儿子处境不佳，不仅要当哥哥们的跟班，而且还有了一个比自己大两岁的姐姐。他降了两个等级，一定会很失落。我猜想他会跟许多典型的中间子女一样，想办法弥补。他要么跟哥哥姐姐们过不去，要么对妹妹颐指气使，试图在她面前扮演老大角色。遗憾的是，他恐怕既没有长子女的身份，也不具备承担责任的能力。母亲的小女儿在这个家庭里的位置最优越，她没有被取代，依然是家里的老幺，而且可供她笼络、操纵和支使的哥哥姐姐由两个增加到了四个。不过，有一个变量可能会打破这种理想状态，那就是她的母亲。母亲本身作为独生女是掌上明珠，如果她以这种眼光看待女儿，那么，既然她现在有了一个继女，亲生女儿就不再是家里唯一的女孩。她仍然是年龄最小的孩子，却不像在原生家庭里那样因为是唯一的女孩又是老幺而格外受宠。

重组家庭未必造就全新的出生顺序人格，但无疑是影响孩子们个性形成的变量之一。孩子的人格和行为模式并不仅仅由其在家庭里的位置决定，但如果你弄懂了出生顺序理论，同时把各种变量考虑在内，你就能更清楚地了解一个人的行为举止发生变化的原因。

残障儿童

如果一个孩子天生残疾或者长期生病，那么，最常见的结果是，这个孩子无论排行第几，都会成为"假性"幺子女。影响这个孩子人格发展的因素有两个：一是疾病或残障的程度与性质，二是父母的应对方式。如果父母态度积极，对孩子们一视同仁，那他可能就会形成与出生顺序位置相符的典型特点。

明钦家就是这种情况。长子保罗70多年前一出生就是盲人，随后大约15年里，他陆续有了8个弟弟妹妹。保罗的父母从不偏袒或溺爱他们的长子，紧跟在保罗后面出生的是一对双胞胎女儿，母亲忙得不可开交，根本顾不上照顾大儿子。结果，跟许多长子女一样，保罗早早地学会了自立。他不必像一般的长子女那样肩负起照顾弟弟妹妹的责任，却体验了其他长子女应有的特权与劣势。他牢牢占据领头羊地位，因为他在兄弟姐妹当中第一个工作挣钱，第一个结婚生子。他还特别坚韧，克服了自立道路上的一切障碍。十八九岁的时候，他不止一次在乘火车下班回家时坐过站，结果在路上多花了两个小时。他坦然地面对诸如此类的挑战，视之为日常生活的一部分。

托尔家的情况则截然不同。长女患有先天智力障碍，因此紧随其后出生的那个孩子就发挥了长子女的作用。这个长女实际上成为老幺，随后两个孩子的位置都上升一级。排行老二的托马斯从小就懂得了承担责任。他成年后回忆说，在他小的时候，母亲要给姐姐喂饭、洗澡，要照顾姐姐，这几乎耗费了她全部时间，令她无暇旁顾。于是，托马斯俨然就成了弟弟的家长。由于姐姐的智力障碍比较严重，托马斯和弟弟时刻要小心翼翼，不能像其他小孩子那样随意嬉笑打闹。40年后，过于谨慎和高度负责仍然是托马斯的个性特点。

跟在残疾或患病的孩子后面出生的弟弟/妹妹通常会受到影响，因为父母一般都希望他们能填补那个哥哥/姐姐的空缺。正如托尔家的情况，当一个孩子有先天残疾时，紧跟其后的弟弟/妹妹往往就要更多地承担起照顾其他孩子的职责。

换位

很多时候，人们的表现与其出生顺序人格不符。例如，许多人虽然是家里的老二甚至排行更低，却表现得像长子女。

我发现，一个人有不符合其出生顺序人格的行为，这通常是能解释的。在一次晚宴上，有个朋友听到我谈论出生顺序理论，认为我说的全是胡扯。她是家里四个孩子中的老二，可她的个性跟我刚刚描述的长子女一模一样。她说，她一直在家里说了算，现在成年了仍负责把兄弟姐妹们聚到一起。她管理着全家的日常起居，是疾病缠身的老母亲的代理人。经过一番追问，我发现她的长子女表现完全合理。她的姐姐比她大两岁，自幼体弱多病，因而成为一个温顺、被动甚至是受保护的孩子。姐姐小时候经常因病住院，所以她实际上接手了大姐的角色。父母希望她在学校里照顾弟弟妹妹，她承担起许多家务，甚至在十几岁的时候就给弟弟妹妹当"保姆"。这个朋友虽然在年龄上排行老二，但从小扮演的就是老大角色。

越位

有时候，家庭里面的几个孩子会互换角色或越位。这种情况通常发生在长子女和次子女之间，不过年龄最小的孩子也有可能跃升一个位次。我们家就有过这种现象，老大和老二在刚进入青春期时曾经相互越位。

老大萨姆是典型的长子——生活态度严肃认真（他被称为"严肃的萨姆"），做事一丝不苟，不太喜欢冒险。他讨厌出风头，宁可待在幕后。我还记得，他在学前班的时候曾经扮演圣诞剧里的三位智者之一，上场前站在后台，很是局促不安。对于这个腼腆的长子来说，他能参加演出就很不错了。在萨姆眼里，学前班和中小学是学习场所，不是社交场所。排行老二的妹妹埃玛与哥哥正相反。埃玛的生活态度放松悠闲（她被称为"懒散的埃玛"）。年少时，她不错过任何活动——"生活是要真正参与其中的，不是在旁边看着就行了"。在校园里，她努力学习，但更热衷于结识朋友。萨姆严肃，埃玛放松；萨姆矜持寡言，埃玛勇于挑战（她多次自行前往医院就诊）；萨姆爱好艺术，埃玛爱好运动。大约到萨姆14岁生日时，埃玛变得更像长子女，但萨姆的表现并不那么像老二，而且也不同于埃玛。萨姆渐渐对学校失去兴趣，转而投入社交和创造性活动。他放松下来，对生活的态度更为悠闲，不再为家庭作业没写完之类的小事过分焦虑。与此同时，埃玛承担了更多家务，对待学业更加认真、更加勤奋了。她还扮演起大姐的角色，对小两岁的妹妹呵护有加。埃玛越过了萨姆，而萨姆一点也不介意失去长子女地位。

现在他们两个人都发挥着老大的作用，这在兄妹组合中是很常见的。一个孩子有时会越过另一个孩子，取代哥哥/姐姐的位置。在这种情况下，长子女也许会在某些方面依然具备与其出生顺序位置相符的特点，但有时也会向取代其位置的弟弟/妹妹的出生顺序人格靠拢。

第四章　家庭规模缩小带来的新特点

我在本书的第一版中曾指出，小家庭越来越多，影响着孩子的养育方式及其与兄弟姐妹和父母之间的关系。在这之后的18年里，家庭中子女的数量越来越少。

如下表所示，当前有四个以上孩子的家庭占所有家庭的13%，低于2002年的20%。短短18年间，有四个以上孩子的家庭，也就是"大家庭"从五分之一减少到七点五分之一，下降幅度显著。如果把"小家庭"定义为有两个及两个以下孩子的家庭，那么这个群体在所有家庭中所占的比例从2002年的54.9%上升到2020年的61.8%。三孩家庭的数量仅略有减少，从2002年占所有家庭的25.2%降至2020年的23.8%。

45—49岁澳大利亚母亲生养不同数量孩子的比例	
有一个孩子的女性	16.6%

45—49岁澳大利亚母亲生养不同数量孩子的比例	
有两个孩子的女性	45.2%
有三个孩子的女性	23.8%
有四个以上孩子的女性	13%

［澳大利亚统计局（ABS）数据，2020年7月］

这些数字意义重大，因为家庭规模很重要。有四个以上而不是两个孩子不止意味着有更多的孩子要抚养、要教育、要接送他们上下课。随着孩子的数量增加，育儿情境也会发生变化。

第一个孩子出生时，父母的全部注意力都集中在这个孩子身上。第二个孩子出生时，情况突然发生了变化。父母的注意力、精力和资源总是要在两个孩子之间进行分配，而且并不总是平均分配。突然之间，父母面对的不再是个体，他们需要发挥团队领导力。他们必须应付为争夺自己的关注而彼此对立的两股力量，育儿技能会大大提升。约60%的父母最多只生两个孩子，从而控制他们的家庭规模，使家庭易于管理、具有可塑性。有些父母继续生儿育女，每新增一个孩子，家庭环境就会发生变化。

第三个孩子的到来标志着子女成群而不再是成双。从两个孩子到三个孩子是一个重大飞跃，它会改变家庭环境和对父母的要求。父母从此开始把几个孩子作为一个整体来管理，不再每天逐个安排孩子的日常生活。许多父母在抚养一两个孩子时非常出色，但在抚养更多孩子时举步维艰，因为他们缺乏相应的技能和心态。

随着孩子们陆续出生，家庭形态会改变，育儿要求也会改变。有四个子女的父母往往需要发挥集体领导力的作用，他们要下放一部分培养子女的责任，并根据每个孩子的年龄和能力给他们分配一些常规性的家务。孩子们会承担起各种角色，并根据性别、年龄和兴趣组成各种小团体。在有五六个孩子的家庭里面，兄弟姐妹形成两个并行小团体的情景并不鲜见。有些孩子将承担起照顾他人的角色，有些孩子则得到兄弟姐妹的照顾。在扮演不同角色和分担责任的过程中，出生顺序人格就形成了。

照顾他人的孩子成为准父母和规则制定者，在成年后会把这一模式带入自己新建立的家庭生活。承蒙哥哥姐姐照顾的孩子习惯于接受帮助，会逐渐形成一套柔和的技能，例如通过谈判和妥协来解决冲突，并且更乐于冒险，因为父母不会过分管束他们。

亲密的亲子关系与适度的个人空间难以兼顾

如今的父母很为难——既想与孩子维持牢固的亲子关系，又要给予他们足够的情感空间来保持自我。这种亲密的亲子关系与适度个人空间之间的冲突是以前的父母们不曾经历过的。几百年前，家庭人口众多，为了防止婴儿夭折并提供家庭劳动力，与子女建立持久、融洽的关系不是父母要优先考虑的事。

让孩子吃饱穿暖和保持健康是更为重要的基本任务。如今，有证据表明，父母高度重视培养亲子关系，这在小家庭中相对容易实现。然而，与父母保持亲密可能会让孩子缺少充分发展所需要的情感空间。小家庭里的父母往往把子女照顾得无微不至，守在子女身边的时间越来越长，从而剥夺了子女学会独立和照顾他人的机会。

这就引出了一个问题：出生顺序理论是适用于小家庭，还是只适用于父母分身乏术、兄弟姐妹自发形成小团体的大家庭？在小家庭里面，孩子的排行对其人格和兴趣依然有影响，尽管这种影响比在大家庭中弱。家庭位置和家长的育儿经验对出生顺序的影响力始终举足轻重，只是小家庭里的位置相对较少，因此家庭星座排列的可能性不多。在六口之家中，兄弟姐妹之间的关系可能有各种各样的组合，这就意味着孩子有可能承担各种各样的角色，出生顺序人格有很多种可能性。

乍一看，下面展示的史密斯一家是一个孩子们陆续规律出生的大家庭，孩子们的年龄从3岁到17岁均衡分布，而且有男有女。唯一的特别之处在于孩子的数量，以今天的标准来看，这是一个非常庞大的家庭。仔细研究这个家庭的星座图就能看出，大多数孩子有多种出生顺序角色可以扮演。按照年龄差，他们可以分成两组：一组是在七年内先后出生的头四个孩子，另一组是与他们至少相隔五年的最后两个孩子。10岁男孩有可能承担起对应两个不同出生顺序位置的角色。他在前四个孩子中年龄最小，又是唯一的男孩，大概会享有特权地位。他上面有三个姐姐，我猜想他在5岁前会是全家人的小宝贝，享受一切优待。虽然他的幺子女位置后来被妹妹取代，但接下来，父母又有了第六个，也是最后一个孩子，于是会把10岁的儿子当成末尾三个孩子中的长子。我猜想，这个孩子成年后适应性会很强：他可能会既有幺子女的特点，比如有魅力、个性坚韧和有创造力，也有长子女的特点，比如有责任感、有出息、有能力。

史密斯一家

母亲——四个孩子中的老大

父亲——四个孩子中的老三

女儿——17岁

女儿——14岁

女儿——12岁

儿子——10岁

女儿——5岁

儿子——3岁

是老二还是老幺?

克拉拉和斯科特决定不再生孩子了，他们已经有了两个女儿——5岁的哈丽雅特和3岁的洛拉。哈丽雅特是一个善良的姐姐，爱在洛拉面前假扮母亲。她和母亲一样充满爱心。洛拉差不多到了能模模糊糊意识到自己与姐姐有所不同的年龄。一方面，她像影子一样跟在姐姐后面，模仿她说话做事，跟她玩一样的游戏和玩具；另一方面，和许多老幺一样，洛拉通过施展魅力和撒娇来达到目的，或者试探由家长设定的底线，比如上床时间和洗澡时间。和许多老二一样，她慢慢形成与姐姐迥异的人格特征：哈丽雅特是大嗓门，很吵闹，洛拉则文文静静，爱思考；哈丽雅特喜欢在外面玩耍，洛拉则喜欢安安静静地待在家里；哈丽雅特什么都爱吃，洛拉则特别挑食。她们解决日常生活问题的方式体现出老大和老二的差异。

跟许多二孩家庭中的老二一样，洛拉表现出了两个不同出生顺序位置的特点：老二和老幺。由于洛拉没有被弟弟妹妹取代的烦恼，她将永远是家里年龄最小的孩子，但我猜她永远不会像三个以上子女家庭中的老幺那样被贴上"全家人的小宝贝"的标签。成长过程中，她也会在很多方面与姐姐不同，因为当老二就意味着要与老大不同。这一点也许会体现在择业上。如果姐姐走学术道路，洛拉可能就会选择经商。如果哈丽雅特在体育运动方面出类拔萃，那么洛拉可能会以艺术或手工为兴趣爱好。我敢断定，洛拉会一如所有的弟弟妹妹，兼具次子女、中间子女和幺子女的人格特征。

当两个孩子性别不同时

10岁的基娅拉和6岁的弟弟达尔什是帕特尔家仅有的两个孩子。尽管父母受文化背景影响，一贯重男轻女，而达尔什是唯一的儿子，但他的老幺特征多于老二特征。父母不指望达尔什帮忙做家务，也不指望他独立自主。此外，基娅拉是一个特别负责任的"保姆"，她为达尔什准备好早餐，每晚监督他读书。达尔什可以说有两个母亲——生母和姐姐——所以，他理所当然地把自己看作全家人的小宝贝。

孩子的性别对出生顺序人格有重大影响，特别是在小家庭里面。如果两个孩子的性别相同，那就有两种可能。两个孩子或许都会以老大自居，但这种情况很少发生。最有可能的情况是，老二会既有老二特点也有老幺特点。如果性别不同，那么老二就有可能越过老大，承担起老大职责。如果老大是儿子且妹妹与他年龄相差不大，发生这种情况的概率就会比较大，妹妹会在父母看重的学业、体能等方面比哥哥出色。如果是姐弟，则老二很可能会是全家人的小宝贝。

中间子女的消亡

家庭规模缩小的一个不幸结果就是中间子女的消亡。2002年本书第一版问世时，约18%至20%的儿童在成长过程中上有哥哥姐姐下有弟弟妹妹。澳大利亚统计局数据显示，这一比例已经进一步下降到14%至15%。很简单，与前几代人相比，成长过程中有兄弟姐妹相伴的孩子少了。越来越多的孩子因为第一个出生而独享父母的关注和爱护，越来越多的孩子因为是老幺而在轻松自由的环境下长大。中间子女往往被视为被遗忘的人，他们在成长过程中享受不到兄弟姐妹享有的种种优势。

《中间子女的秘密力量》一书的作者凯瑟琳·萨蒙说，中间子女会兼具老大和老幺的诸多积极特征，同时避免许多负面特征，比如盛气凌人、神经质和不可靠。萨蒙对中间子女情有独钟，她认为上有哥哥姐姐、下有弟弟妹妹的孩子有很多优点。萨蒙说，中间子女都是社交达人，喜欢与家人以外的人交往。夹在中间意味着他们必须学会与兄弟姐妹协商，以满足他们的情感和身体需求。萨蒙还认为，身为中间子女还意味着需要适应他人的需求和情绪。他们在许多方面表现出高情商。正如萨蒙所指出的，中间子女在班上的朋友通常更多，一生中交的朋友可能比处于其他排行的人要多。

中间子女处事周到

《手足效应》（*The Sibling Effect*）一书的作者杰弗里·克卢格（Geoffrey Kluger）说："兄弟姐妹能相互促进。"克卢格认为，孩子们会在相对安全和宽容的家庭生活中磨炼人际交往技能，并将其运用到学校和其他场合。通过反复试验，孩子们学会一些社交手段，比如通过反复强调或者施展魅力来解决问题和化解家庭冲突，避免做无用功。克卢格指出，长子女通常使用高压战略——比如武力、攻击、强调和排挤，对弟弟妹妹施加影响。幺子女在家庭里面往往使用巧妙的手段，比如开玩笑、撒娇或者向大人求助。由于上有哥哥姐姐，下有弟弟妹妹，中间子女培养出更丰富的人际交往技能。他们学会与能力更强的哥哥谈判，并在弟弟妹妹面前树立权威，这让他们在与他人交往时拥有巨大优势。

中间子女或许在建立人际关系方面有优势，那他们在其他方面怎么样呢？与其他排行的孩子相比，老大更愿意从事法律、金融和医疗等社会地位较高的行业，但这并不意味着他们会比中间子女更有成就。凯瑟琳·萨蒙援引了一项研究结果，称中间子女既擅长交际，又有责任感，而这是在学校和职场取得成功的两个关键因素。社交能力是后天特质，责任感则是先天特质。中间子女综合了适应能力、毅力和人际交往能力，因而能在今后的人生中取得成功。

中间子女的消亡对社会不利，尤其是就心理健康而言。中间子女都适应能力很强。社交能力强意味着与他人保持良好关系，这是一个重要的维持心理健康的因素。中间子女在青少年时期必须迁就哥哥姐姐的既定生活方式，由此形成的灵活性有助于他们更好地应对生活中遇到的挑战。萨蒙等人的研究表明，中间子女由于受父母关注较少，对自己在家庭中的地位没有把握，因而会比较自卑；但从长远来看，他们会发展得很好。他们或许不像哥哥姐姐那样受父母关注，却也不会像长子女那样被父母盯着，因而有更多自由选择自己的人生道路。

对抗加剧

我会在第十四章更全面地介绍，当家庭规模很小的时候，兄弟姐妹之间的对抗会加剧。在有四个以上孩子的家庭，即使发生对抗并引发冲突，最终也会重归于好。大家庭里面的孩子之间会不断结成不同的小团体并时常发生冲突与纠纷，但这些纠纷不会像在小家庭里面那样影响整个家庭生活。

在二孩家庭，争斗会显得激烈、痛苦、永无休止，导致许多父母产生严重的自我怀疑。父母对家庭生活的美好期望与现实之间产生巨大差异。

在大家庭里面，父母通常会对子女之间的对抗不闻不问，只有在交战双方迟迟无法达成和解或者此前达成的和约被打破时才会介入。而在规模较小的家庭，父母们不可避免地要被拖入战争，要么扮演警察揪出惹麻烦的孩子，要么扮演法官公正地进行调解，要么充当狱警惩罚犯错的孩子。家长不可避免地要选边站队，这意味着即便你促成了暂时的和平，也会进一步加剧对抗。小家庭的父母既要能够把每个孩子当作个体培养，又要具有团队领导能力，以便把几个孩子团结起来，增进感情，缓解紧张关系和家庭中的敌意。

偏袒被放大

对大多数父母来说，偏袒是大忌。有一种假设认为，家庭是公平竞争的环境，父母对待孩子应该是一碗水端平的。这根本做不到，因为每个孩子是在不同情形下出生的，在家庭中的位置和体验不同。与改变人生的第一个孩子出生时的情形相比，第二个孩子带来的兴奋感会少一些，得到的陪伴时间和关注也会少一些。父母对某个孩子偏心的原因还有很多，包括性格匹配度、性别偏好、孩子在父母重视领域的成就等。父母往往会看重异性子女具有自己身上的特质——爸爸喜欢雷厉风行的女儿，妈妈喜欢富有同情心和爱心的儿子。

偏袒在小家庭中的影响似乎更大。既然有受偏爱的孩子，那就必然有感觉自己不受待见的孩子。在有四个以上子女的家庭中，一个孩子如果注意到某个兄弟姐妹受到父母宠爱，就会想："他有什么了不起的？"他们会想不明白为什么这个兄弟姐妹受宠或者做错了事却不受惩罚。在二孩家庭里面，当一个孩子受宠时，不那么受重视的孩子更有可能会想："我哪里做错了？"因为父母的偏心让他们感到难过。

2

第二部分

出生顺序影响人格

导　语

如前所述，出生顺序不仅仅是一组有序排列的数字而已。只有把兄弟姐妹人数以及性别、年龄差和个人性情等家庭变量考虑在内，我们才能理解孩子的出生顺序人格。家庭星座图对孩子的未来有着强大的影响，为他们的成长过程又增添了一重需要考虑的因素。

近年来，有关出生顺序人格的研究有了长足的发展。虽然在出生顺序研究的某些方面存在一些分歧，但大多数研究都指出，同一位置上的孩子都有相似的特性和特征。接下来的章节将探讨每个出生顺序位置的特性和特征。

本书的第一版讨论了四种出生顺序位置——长子女、独生子女、次子女和中间子女、幺子女。次子女和中间子女被归为一类，因为他们有许多相同的特征。事实上，许多次子女是中间子女，也就是上有哥哥/姐姐、下有弟弟/妹妹。随着家庭规模进一步缩小，身为中间子女的次子女越来越少，许多次子女成了幺子女。一个家庭里的孩子可以分成两类——头胎子女和弟弟妹妹。头胎子女包括长子女和独生子女，弟弟妹妹群体包括次子女、中间子女和幺子女。正如我们将在接下来的章节中看到的那样，头胎子女是家里的保守派，他们珍视权威，喜欢维持现状，捍卫父母的价值观。弟弟妹妹——包括次子女、中间子女和幺子女——往往更加叛逆，会挑战权威，无论是老大的权威还是父母的权威。一种例外情况是次子女具有老大特征，这种情况比较少见。

这一部分将探讨长子女和独生子女的共同之处。父母对老大和独生子女最为期待，所以这些章节理当最先出现！"生不逢时"的次子女和中间子女仍将放在同一个章节，因为他们有许多共同点。对于精于施展魅力和善用各种手段的幺子女也将有详细探讨。新增的"哈里王子效应"章节将展示一个全新的出生顺序位置——第二个出生却是最小的孩子，这在小家庭里面越来越普遍。

第五章 长子女——是领导，是天才，还是有焦虑倾向的完美主义者？

我们最好习惯长子女的存在，因为他们无处不在，而且人数正在急剧增加。如果你在读这本书，那你是长子女的可能性接近50%。如果你有伴侣，他们是老大的可能性也跟这差不多。你会发现，你的同事、朋友以及在各个圈子里认识的人有40%到50%是长子女。如果再加上实际发挥老大作用的孩子，也就是由于家庭实际情况而扮演老大角色的孩子，这个数字还会大幅上升。

如果你是一名教师或从事与孩子打交道的职业，那么，你接触的每十个孩子当中就有五个会是长子女。长子女的比例会随着家庭规模缩小而不断上升，在澳大利亚等西方国家，家庭规模正在迅速收缩，因此未来长子女在人口中的比重将加大。

这对社会影响巨大。有人指出，由于社会中长子女更多，未来几十年里，候选人如果持保守立场的话在竞选中会有更大胜算。他们认为，长子女群体天生保守，在投票时更有可能主张维持现状。

长子女的真实面目

关于长子女的书比关于其他任何排行的书都要多，这可能是因为长子女数量更多。弗兰克·萨洛韦等研究人员的研究结果表明，长子女具有许多相同特征。

长子女的特点
· 目标性强
· 成就卓著
· 追求完美
· 责任心强
· 循规蹈矩
· 意志坚定
· 尽职尽责
· 注重细节

动不动就列清单

长子女做事特别有条理。他们动不动就列清单，喜欢一切成体系的东西。如果你希望有人开发和维护你的办公档案系统、财务控制系统或者营销系统，那就选一个长子女吧。他们就是为此而生的，喜欢需要关注细节和精准性的工作。与其他排行的人相比，他们通常对工作更认真，喜欢设定目标，并且有条不紊地去实现目标。当有人向你谈及他们为生活设定的长期或短期的目标时，不妨问问他们的排行——他们很有可能是家里的老大。这个群体的座右铭是：生活需要一个目标。

长子女往往成就卓著，因为他们比弟弟妹妹更有进取心。一个人选择什么类型的工作受多种因素影响，然而，最终进入医疗、金融和法律等行业的长子女较多并非巧合。这些职业不仅地位较高（这是长子女所看重的），而且都需要毅力、专注力，且纪律严明——这些品质都是长子女具备的。长子女往往最终会走上领导岗位，他们通常在小的时候就承担大量责任，在家庭中的经历锻炼了领导力。值得注意的是，超过50%的美国总统和澳大利亚总理都是长子女，这非常引人注目，尤其是过去的家庭规模要大得多，长子女占比比现在小。

在讲座中，我请现场的长子女们站起来听我描述他们的特点。听到正面描述时，他们神采飞扬——重视成就感的长子女都希望得到认可。诚然，所有人都想因为个人成就而得到认可，但长子女尤甚。如果你想激励长子女，那你一定要认可他们工作出色、彬彬有礼或竭尽全力。公开表扬的效果更好。如果你在同事面前赞扬一个长子女按时完成任务，他们下次就肯定能提前完成任务；如果在同龄人面前表扬长子女作业写得好，可以断定，他们会再接再厉。（不过，父母在家里要慎重公开表扬老大，因为那会加剧兄弟姐妹间的竞争。）长子女渴望得到认可，不过，许多父母对他们的期望很高，这意味着他们往往达不到期望，因而也就得不到他们所渴望的认可。

有些长子女承担了大量的责任，下面的例子可以充分说明这一点。

> 我35岁，是三个孩子中的老大。我有一个妹妹，比我小两岁，还有一个弟弟，比我小7岁。我的成长过程并不顺利。母亲不擅长处理家务，是个酒鬼。从弟弟出生前后开始，父亲就对我们很冷漠。父亲经常夜不归宿，"因为他在工作"，所以我总是要搭朋友的便车。家里暴力时有发生，打骂是家常便饭，我觉得父母跟我们没什么感情。这些事对弟弟妹妹的影响比对我小，因为我是老大，年龄要大一些，因此会记住这些不幸。我觉得自己在很多方面扮演了成年人的角色。当母亲出门的时候，我就要负责照顾弟弟妹妹。我要做饭，打扫卫生，安抚他们。

当老大是要付出代价的

勤奋的长子女要为他们的成就付出艰苦的努力。他们往往比其他排行的孩子更神经质、更暴躁、更不易变通。《新科学家》周刊刊登的一篇意大利研究报告显示，这些人比其他任何群体都更容易患上心脏病，因为他们总是生活在高压之下。

我们来看看长子女是如何变得如此严肃、如此暴躁、如此有责任心、如此保守的。

生头胎是件大事

你如果为人父母，那一定记得第一个孩子的出生对你和全家人来说是一件大事。如果你有不止一个孩子，那么你对第一个孩子出生的记忆一定不同于对其他孩子。与其他孩子出生前的情况相比，你在第一胎分娩前做准备的时间更长，也更兴奋。你很有可能怀孕没多久就开始查阅婴儿命名书籍，思考要给孩子取什么名字。你可能由伴侣陪着做了多次 B 超。你很看重准备工作，大概参加了不少产前学习班，想在孩子出生前尽可能多了解一些知识。

长子女是开天辟地者

第一个孩子的出生本身就是改变人生的大事。每个父母都知道，新生命的到来将永久性地改变他们的生活。对于第一个孩子的出生，你非常兴奋，也非常激动，以至于没有意识到自己要抱回家的孩子其实是一个试验品，或者更准确地说，是一个开天辟地者。他不仅让你逐渐适应父母的身份，而且带你经历从婴儿期到青春期的不同人生阶段。作为家长，你是通过长子女第一次体验早教班、幼儿园、小学和中学的。是你的第一个孩子带你见识了许多常见的儿童问题和困境，比如发脾气、夜间恐惧和睡前烦恼。

父母购买育儿书籍和参加育儿讲座往往都始于长子女。为了增添一点趣味性，我有时会对参加讲座的父母们说，"主要为学习如何应对长子女而来的人请举手"。结果令人惊叹，大多数听众举起了手，并对暴露了自己的真实意图感到一丝难为情。

在长子女身上，你第一次接触了典型的青少年问题，比如参加聚会、性行为、吸毒和饮酒，这些会真正考验你的容忍度和沟通能力。父母往往在这个过程中学到很多东西。有些长子女会趁父母经验不足的时机肆意而为，但大多数长子女通常都抱怨父母给予他们的自由度不如给弟弟妹妹的多。有证据显示，许多父母对第一个孩子的态度比对后来的孩子要严厉得多。在我的原生家庭里面，与哥哥姐姐们相比，我比较自由。小时候，我亲眼看到父母和我的哥哥姐姐们为了能不能喝酒、晚上什么时间该回家等问题激烈争论。但是，我进入青春期时就没和父母发生过什么争吵，因为我获得的人身自由是哥哥姐姐们的两倍。我在前面说过，我出生的时候母亲已经有点累了，已经操碎了心，所以不再事事干涉。她有了经验，知道哪些事该管、哪些事没必要管。

得到父母的过度关注

父母往往对长子女过分投入。长子女的一切都会被照片或视频记录下来。这与幺子女的处境形成鲜明对比——幺子女长大以后翻看家庭照片时，如果能找到自己的一张单人照，那就很难得了。父母会衡量、分析和记录长子女身体、社交和智力发展的方方面面。

他们会把孩子的发育进度与其他孩子进行比较，唯恐孩子发育滞后。他们很清楚地记得头胎孩子几岁学会走路、说话和认字。他们为第一个孩子选择的托儿所、学前班、小学和中学都会为以后的孩子们树立标杆。许多父母在第一个孩子出生时开始买投资型基金，买保险，给孩子报名早教班，而到第三个或者第四个孩子出生时，父母忙得团团转，这种热情往往就减退了。

最先出生能享有特权

长子女天生就享有特权。他们生活在聚光灯下，一般会集父母、祖父母和其他亲友的关注于一身。随着年龄增长，他们被赋予的责任比其他排行的孩子更大，因此在大多数家庭中享有帝王般的地位。他们一马当先，可以对弟弟妹妹发号施令。而当老大的另一面是，他们往往承受着压力，被寄予光宗耀祖的期望。当我问父母们希望孩子成为什么样的人时，从来没有人表示想让孩子当律师、成为体育明星或赚大钱。我听到的回答是"只要她过得开心，是个有爱心的人，她做什么都行"，或者"随他自己，我只希望他发挥自己的全部潜力"，又或者"只要他是一个正直的人，只要他不管做什么都尽最大努力，别的我都不介意"。即使说的是实话，但在内心深处，大多数父母还是对孩子抱有很高的期望。他们只不过没有意识到而已。无论他们是希望孩子在自己未曾取得成就的领域有所建树，还是仅仅希望孩子成为更好、更聪明的人，这些厚望都会不知不觉地落到长子女的身上，成为长子女的负担。如果父母有好几个孩子，希望和梦想就会分散给多个孩子，那样情况会稍好一些。

与弟弟妹妹相比，长子女在小时候有更多时间跟在大人身边，向大人学习。长子女在成就测试和自尊感测试中的得分往往比其他排行的孩子要高，原因之一就在这里。毋庸置疑，在父母身边的时间较多有助于他们的语言发展——与父母的一对一互动对高质量的语言发展大有助益。相较于其他排行的孩子，长子女不大可能受弟弟妹妹行为的影响，而更多地会受到父母的影响。

最先出生也会带来压力

父母通常对长子女期望太高，致使许多长子女，尤其是长子害怕犯哪怕一丁点的错误。由于不想让父母失望、失落，许多长子女会走好好学习这条捷径而避免冒险。我教过的孩子当中就有长子女，他们在写作文时因为害怕出现拼写错误而避免使用复杂或新潮的单词，宁愿用陈旧的语言书写。只有能当

"明星"，长子女才愿意走到聚光灯下。如果要冒出错的风险，那他们宁可远离聚光灯，因为那会损害自己的形象。

长子女容易有焦虑倾向

长子女从父母那里受到的关注更多，但那未必能保证他们心理健康。长子女比其他排行的孩子都更有神经质倾向，因此，焦虑现在成为年轻人的头号心理疾病不足为奇。我与朱迪·理查森（Jodi Richardson）为合写新书《让孩子掌控情绪》（*Anxious Kids*）所进行的调研显示，与处于其他排行的孩子相比，有重度焦虑的长子女所占比例更高。因为承受着来自父母的更大的压力，再加上完美主义倾向以及对卓越的追求，长子女需要尽力保持心理健康。

目前，在所有15岁以下的孩子中，约一半是长子女或独生子女。如果你是教师、儿童教练或领队，那么，这一点具有重要意义。你旗下将近一半的孩子会不愿冒险（后面再详细解释），并且有焦虑倾向，难以感受到快乐。由于学校、运动队和社交群体当中有很高比例的长子女，教育工作者以及社区教练和负责人很可能需要改变工作重点，从行为管理转向帮助他们维持良好的心理健康。童年时代未消除的焦虑情绪很容易在成年后再次出现，发展成一种需要专业治疗的疾病，因此，在现如今由长子女统治的世界，维持心理健康是重中之重。

长子女常常饱受完美主义之苦

许多长子女饱受完美主义之苦。这种说法似乎很奇怪，但长子女的确从来不敢犯错。我们应该鼓励孩子们多犯错误，比如拼错单词，做错计算题，偶尔把作文写得一团糟，打开洗碗机的时候摔坏一两个碗碟，布置饭桌时把刀叉放颠倒，不小心把地板弄脏，偶尔忘了喂猫，等等。如果孩子们不需要时时刻刻表现良好，那会对他们有益。如果孩子们了解到犯错没什么大不了的，他们就更有可能尽情发挥，尝试新的领域，或者主动探索而不必担心自己搞砸。

责任心强和追求完美意味着长子女只会在他们有把握的领域出人头地。因此，他们往往缩小选择范围，坚持走最安全的道路。难怪这个群体的创新能力和冒险精神往往不如弟弟妹妹。因为通往创新和冒险的道路上充斥着不确定性，犯错的可能性也随之增加。

完美主义者不好相处。他们是苛刻的伴侣、焦虑的孩子。他们可能会对周围人很挑剔，一如他们严于律己。他们过度关注细节，可能会让人恼火。他们的固执可能会激怒你，尤其是如果你是一个随和的次子女或者中间子女的话。完美主义者通常希望自己比其他所有人都更出色。以下是完美主义者的一些行为特征。

· **完美主义者凡事都要规划**——他们在全家人去野餐之前必定要事先了解路线、预计到达时间，提前好几天查明天气情况。

完美主义者喜欢掌控感，绝不心存侥幸。

·**完美主义者对秩序感有执念**——桌面整洁、鞋柜里的鞋子各就各位、食品架上摆放整齐，这些对完美主义者来说是必不可少的。

·**完美主义者对人对己都很挑剔**——如果完美主义者自己动手粉刷房间，他们会纠结于不可避免地没刷均匀的小角落，而不是庆祝大功告成。因此，他们享受不到成功的快乐。

·**完美主义者不愿半途而废**——他们要把事情一口气做完。

·**完美主义者爱拖延**——许多完美主义者总是迟迟不肯动手，因为他们唯恐自己做不到完美。磨蹭不仅仅是一种高明的拖延策略，更是一种保护策略。他们要等到万事俱备才开始工作。问题是很难等到时机彻底成熟，所以他们就一直不动手。

·**完美主义者不喜欢把事情交给其他人去做**——他们往往事事亲力亲为，他们不相信别人能比自己更出色地完成任务。

·**完美主义者总在道歉**——他们总是找借口（比如时间或经费不够）来解释自己为何没有把工作做到理想状态。完美主义者总是认为他们可以做得更好或更努力。

·**完美主义者不抱成功期望**——他们通常都很悲观，总是找理由不作为而不是找理由去尝试。

·**完美主义者看问题绝对化**——他们认为世界非黑即白，对于一个人该做什么不该做什么态度坚决。

怎样帮助完美主义者

许多人会认为，我对完美主义者的这番评价有些过分。或者你可能认为我是在倡导对待工作态度散漫、不负责任。和大家一样，我赞赏把工作做好的态度。我希望我的爱车在修理店得到精心保养，希望机械师在检查刹车时一丝不苟。我的爱好之一是潜水，我希望我背上的氧气瓶里永远有足量的氧气。有些情形不容有失，但并非每项任务都需要尽善尽美。有时候，接近于完美就足够好了，尤其是对于新的尝试。写文章、粉刷房子、做饭和打高尔夫球都有不小的容错空间。有些人的烦恼在于，他们认为只有自己很完美、把事情做得完美才能让别人看得起。这些人需要认识到：无论做什么，尽力就好。

心理学家鲁道夫·德雷克斯（Rudolf Dreikurs）曾谈到"不完美的勇气"。他认为，人们的动机有两种：一种是渴望胜人一筹，另一种是渴望有所贡献。受到第一种力量激励的人永远不会满意，因为总有人能够做得更好。受到第二种力量激励的人很容易感到满足、有成就感，不仅因为他们的贡献通常能够帮助别人，而且因为他们并不执着于做事尽善尽美。他们的满足感来自帮助他人而非取得成就。目前我们的社会盛行完美主义，以致多数人会受第一种力量的驱使。

德雷克斯说：

我们必须明白，我们现在的样子就足够好了——因为不管我们的知识、技能以及财富还会增加多少，地位还会提升多少，我们也不会因此变得更好了。

德雷克斯坚持认为，我们必须接受自己的缺点，不要给自己施加压力，逼迫自己成为超人或比别人做得更好。一旦我们把努力的重点放在我们所做的贡献上，而不是放在追求完美上面，我们就能过上幸福快乐的、更充实的生活，而且我们也会变得更有能力。

我赞同《出生顺序新解》一书作者凯文·莱曼的观点。莱曼认为，完美主义者需要学会满足于卓越而不是完美。卓越就相当不错了。当然，我并不是说他们应该总是满足于退而求其次。完美主义者需要稍稍降低标准，采取更务实的态度追逐能够实现的目标。我曾与一位饱受完美主义折磨的年轻教师共事。她是一名拥有教科书级技巧的优秀教育工作者，但她最大的问题是，只要没有达到完美掌握的程度，她就不肯采用新的教学方法。一个人在学习新技能的时候通常都要有一个逐渐熟练的过程。20世纪八九十年代要求教师采取一些新的教学策略，包括与信息技术有关的策略，这意味着许多教师必须回到起点，重新开始。我的许多教师同事成了学习者，但那位完美主义者同事不肯让步，拒绝采用新的教学方法。大家都认为她固执、懒惰。但她其实既不固执，也不懒惰，她只是害怕在学习和实施新的教学策略的过程中在讲台上犯错。大多数教师都苦苦挣扎了一段时间，坚持下来，更进一步。遗憾的是，我的这位同事被同行和同龄人甩到了后面。我发现她的美术课讲得很好，但她不再是一名优秀的教师，因为她教育孩子的方法已经落伍了30多年。她对自己寄予了厚望，不容许自己出差错。成为完美主义的奴隶意味着人们成为生活中许多事情的观察者而不是参与者，无论是在工作中还是在闲暇时光，他们往往只能默默地围观别人做本该自己做的事情。

三种类型的长子女

长子女在人格测试中的得分情况很有意思。我凭直觉认为他们的得分会很高，就像A类硬盘驱动器、指示器和控制器——这取决于测试类型。据观察，长子女和事实上的长子女大致可分为三种类型：

1. 老板型（领军人物）
2. 管家型（循规蹈矩，擅长照顾他人）
3. 成就者（活力四射的超人）

老板型

与其说长子女是天生的领袖，不如说他们常常被赋予领导的责任。特里是我从小玩到大的好朋友，我记得他总是不得不照顾弟弟。他的母亲让他要么待在家里陪弟弟，要么带弟弟一起出去玩。特里承担了他不愿意承担、其他兄弟姐妹也无人承担的责任。长子女往往走上各种各样的领导岗位，因为他们通常从小就负起一定的责任。

但是，长子女未必是出色的领导者。许多长子女把果断与独断混为一谈，通过胁迫他人来取得合作。在跟学生干部接触的过程中，我发现许多长子女认为有领导力就是专横跋扈。他们认为必须按自己的意思办，难以做出让步或者认识到还有其他办法。这些孩子喜欢当小头目，只要其他人愿意支持他们的想法，他们就能稳固自己的地位。这些长子女喜欢掌权，除了管理者或领导角色，别的什么职务都不愿担任。

领军人物的一个经典例子是唐娜，她是一位可爱的女士，在我几年前担任主席的一个委员会里任职。作为主席，我会主持会议，但唐娜总是横加干预。不管讨论哪个问题，她总是第一个发言，并做最后的总结陈词。她会提醒我什么时候该讨论下一个问题了，或者提醒他人跑题了。起初，她试图主持会议和主导讨论的做法让我很惊讶。她并不令人讨厌，也不是想赶我下台，她只是不习惯加入一个由他人领导的群体。成为团队的一员对唐娜来说只意味着一件事，那就是发挥领导作用。我给了唐娜一个机会充分发挥其领导才能，让她负责一些项目。她以主导者姿态完成了这些任务——效率高、成效好，但她极少请他人帮忙。

管家型

长子女的一个常见特征是：渴望取悦别人。他们喜欢取悦别人，因为他们非常需要别人的认可。最初他们想要父母的认可，后来又谋求亲戚、老师、教练、老板等其他权威人士的认可。作为孩子，他们认识到，取悦父母的一个可靠方式是成为模范儿童，在学校以及父母看重的领域表现出色。如果父亲在体育运动方面表现出色，那么他的长子也很有可能在体育运动方面取得优异成绩。长女往往成为像母亲一样能照顾孩子的人，特别是如果她有两三个弟弟妹妹需要照顾的话。与其说这些孩子就像是"跟父母一个模子里刻出来的"，不如说他们是为了取悦父母而仿效父母的言行举止。

这一群体在进入青春期后，取悦父母便不再重要，最重要的是取悦同龄人。一些年轻人可能会屈服于同龄人的压力而做出冒险行为，然而，对于大多数心理健康的青少年来说，情况并非如此。即便年轻人尝试父母反对的种种行为是很正常的，循规蹈矩的长子女也往往会小心谨慎而不是横冲直撞地步入青春期。

成就者

第三种类型的长子女在童年时很难辨认，但成年后会很醒目。许多长子女都是注重成就的人，他们自己非常努力，往往期望其他人也像他们一样努力。这些长子女精力充沛，似乎总是闲不住。他们不仅什么都想要，而且什么都想做。他们不会成为出色的队员，因为他们往往把其他人远远甩到身后。作为领导者，他们需要放慢一点速度让其他人赶上来，而放慢脚步正是这些人不喜欢做的事情。如果你是超人，那就要高效、有动力、不妥协、有决心、有能力全速运转。你可以轻而易举地辨认出这些"硬盘驱动器"，因为这一群体始终处于紧张忙碌的状态中。在一周的工作日，他们聚精会神地工作，毫不放松；到了周末，他们会去跑马拉松或参加铁人三项。极限运动就是为这一群体而设的。他们也可能去改造花园或者翻修住宅。这些硬盘驱动器式的长子女在小时候可能会被诊断为注意缺陷多动障碍（ADHD），医生会让他们服用利他林来平复情绪。虽然有些儿童确实有多动症，需要特别的帮助，但偶尔的精力过于旺盛没什么大不了。

随着长子女比例上升以及越来越多的女性开始兼顾工作与育儿，我怀疑这种类型的长女会变得更加常见。这些人需要接受他人帮助来进行放松，甚至有些人从未得到这种帮助。如果你跟一个硬盘驱动器式的长子女结了婚，那你们每次度假的时间一定要超过两周，因为你的伴侣需要这么长的时间来放松一下。此外，要确保你预订的酒店处可以参加很多活动，因为即使在放松的时候，他们也闲不下来。这些长子女会很累人！

长子女会经历失宠

长子女曾有一段时间是独生子女，给父母和祖父母带来新奇感和喜悦。突然之间，在大约85%的家庭中，又一个孩子的降临动摇了长子女的世界。他们至少在生命的第一年里曾是父母唯一关心的对象。这是一段美好时光，没有人跟他们分享父母的时间、精力或注意力。他们不必跟人争夺父母的关心和爱，并且很快就想出了办法来引起父母的注意。长子女放声大哭，父母就会回应。即使他们不回应，一般也是有意为之。如果告诉老大很快要有一个弟弟或妹妹，并且问他们的想法，我敢肯定他们会说："什么？很快会有两个我吗？"

第二个孩子出生了，长子女发现，这个弟弟/妹妹并没有像父母信誓旦旦许诺的那样成为自己的玩伴。长子女通常都会看到，父母带回来一台会吃会拉、又哭又闹的机器，这台机器夺走了爸爸妈妈。虽然从父母的角度来看，情况可能并非如此，但要记住，儿童并不能客观地判断形势。他们从自己的角度看待问题，而且他们的逻辑往往是错误的。当你透过第一个孩子的眼睛来看待第二个孩子时，不难看出，这个闯入者很可能会剥夺母亲对自己的爱。毕竟，新生儿在人生的早期阶段垄断了父母，尤其是母亲的时间和精力。长子女无法理解母亲像照看自己一样照看这个孩子，也无法理解她给予新生儿周到的照顾并不意味着她对自己的爱有丝毫减弱。从很多方面来说，这就好比你向伴侣宣布，你有了一个新情人，而且要搬来和你们一起生活。想象一下，你能指望伴侣欢迎新情人吗？

感觉自己失宠的长子女会试图找回他们在家庭中失去的地位。他们喜欢掌权，而且往往会不遗余力地让父母认识到次子女的缺点。他们通常会率先告状，让父母知道弟弟/妹妹行为不端。这么做不是为了保护弟弟/妹妹，而是为了提醒父母注意到弟弟/妹妹的缺点或不当行为。从长子女的角度来看，次子女始终都不是家里正式的一员，或者说他们希望次子女始终处于考察期。

怎样帮助长子女应对失宠

当家里迎来一个新的孩子时，父母需要理解长子女的嫉妒和失落情绪。为了尽早为新生儿的到来做好铺垫，不妨让长子女参与到弟弟妹妹出生前的准备工作中来。虽然孩子不会理解弟弟/妹妹的到来会对他们的生活产生什么影响，但参与准备工作将使其更加确信：这是一件寻常家事，而不是要打破原有秩序。

一旦第二个孩子到来，要确保长子女仍然能得到父母的关爱和关注。在繁忙的日程中抽出一些时间与第一个孩子单独相处。让长子女做一些只有大孩子才能做的特殊事情，比如坐专用椅子，或者晚一点上床。以一种实际的方式让长子女知道，你明白他们比弟弟妹妹的个子更高、年龄更大。

你也许不得不向亲戚（尤其是孩子的祖父母）表达你的担忧，因为他们可能会在不经意间把所有注意力都放在老二身上而忽略老大。他们对老大的冷落会给你带来麻烦，因为老大通常会通过哭闹（有什么不可以呢，老二不就惯用这招吗？）或者卖弄（"我想我必须做一些特别或反常的事情来引起注意"）来获得与弟弟妹妹同样多的关注。次子女的到来要求父母和亲戚巧妙行事。如果处理得当，长子女很有可能成为一个有保护欲的、友好的（但并非总是如此）哥哥/姐姐，而不是充满敌意和怨恨。

养育和应对长子女的五个策略

长子女对生活、对自己过于认真，这是他们面临的最大问题。他们需要放松。然而，必须指出的是：幸好有长子女，因为如果没有他们的干劲、领导力和对细节的关注，那就什么也做不了，什么也完不成。他们是一个数量庞大的群体，因此他们学会放松和享受对我们大家都有好处。

养育或教导长子女的关键：帮助他们放松。

1. 多鼓励，少批评

由于我们对长子女寄予厚望，因此我们往往对他们所做的每件事情都吹毛求疵。长子女更乐于接受鼓励而不是批评。大多数父母知道这一点，但往往很难做到。

长子女更喜欢听表扬，但会因鼓励感到满足，从长远来看，鼓励的效果更好。鼓励不同于表扬，因为它侧重于过程而不是结果。鼓励的话侧重于努力、进步、贡献和享受，并表达出信任。不管结果如何，你都可以称赞孩子的进步、同事的努力或伴侣的帮助。表扬是针对良好结果的。长子女需要鼓励（但他们往往更想要表扬），因为这会帮他们减轻行动的压力。当他们知道努力、进步和贡献对父母和老师来说比好的结果更重要时，他们更有可能冒一点风险来尽情发挥。

2.让其他孩子分担长子女的责任

长子女和事实上的长子女都身负重任。父母通常希望老大在家里和学校照顾弟弟妹妹，承担更多的家务，因此，青春期的老大通常会成为经验丰富的"保姆"。父母还一再提醒老大要做榜样。许多长女子告诉我，他们痛恨这样一个事实：父母总是要他们行为端正，给弟弟妹妹树立榜样，弟弟妹妹却往往为所欲为而不受斥责。

父母们需要小心，不要把所有家务都压在长子女的身上。即使一些长子女就是在承担责任中茁壮成长的，我们也需要给弟弟妹妹们安排点任务。此外，我们需要让长子女有时间和机会享受更多的乐趣。

3.给予特权

通过给予长子女一些特权来承认其在家庭中的特殊地位。让他们比其他人晚一点上床，有一个专属座位，或者可以在外面玩得晚一点。他们应该享有一些特权，以平衡他们承担的额外责任。

4.展示你的不完美

看到这里，你大概已经领悟到了：许多长子女需要放松，以便尽情发挥，展开冒险。由于长子女会比其他排行的孩子都更多地学习父母的行为，所以如果你能随意一些，犯点错，那孩子也会允许自己犯错。偶尔穿错袜子，打碎盘子，不小心让水槽里的水溢出，忘了给车加油，忘了把晾在外面的衣服收进来……不妨想出种种办法来表明你也有把事情搞砸的时候。有时孩子们把大人看得无所不能——"他们什么都知道，而且从不犯错误！"然而你我都明白，父母也是会犯错的！

5.在家庭生活中培养良好心态

长子女比其他排行的孩子更容易神经质，因此要从小就开始注重他们的心理健康，培养良好心态。我们刚刚开始面对这样一个事实：心理健康和幸福感对一个人长期的幸福、事业和人际关系至关重要。而且长子女比其他排行的孩子都更需要关注心理健康。你可以把健康饮食、确保运动和睡眠充足、学习放松技巧、定期走入大自然以及培养感恩和正念意识等融入家庭生活。

第六章　独生子女——是以自我为中心还是适应能力超强？

　　独生子女比其他出生顺序的孩子更容易受调侃和嘲讽。他们常常被描绘成自私、孤僻、幼稚、爱出风头。出生顺序理论之父阿尔弗雷德·阿德勒对独生子女评价不高，认为他们依赖性强，成年后缺乏团队合作精神。近些年围绕独生子女的大多数研究结果表明，他们跟其他排行的孩子一样有适应能力。事实上，如果以自尊自爱、学习成绩优异为孩子身心健康、适应能力强和讨人喜欢的标准，那么，大多数父母应当只生一个孩子，因为独生子女在这些方面表现出众。独生子女的负面形象是大家庭时代遗留下来的，那时候独生子女显得格格不入，但那往往是家庭不幸的结果，而非有意为之。父母只生一个孩子通常是有苦衷的，比如离异、家人生病或某个家长存在情绪问题。家庭里面的任何问题和窘境都难免对孩子的人格发展造成不利影响。

　　有意思的是，在参加我讲座的家长当中，自身是独生子女的家长大多表示他们有不止一个孩子或者想要不止一个孩子。他们说，虽然独生子女不用担心有弟弟妹妹取代自己的地位或者与自己争宠，但他们不希望孩子孤孤单单地长大。他们模模糊糊觉得自己作为独生子女缺少点什么，但说不出个所以然。这颇具讽刺意味，因为按照常理，独生子女是最不愿拥有一大家子人的。他们从小到大不曾与兄弟姐妹相处，为人父母之后，孩子们之间争吵打闹等寻常家庭矛盾有时会令他们手足无措。

有意为之而非偶然出现的独生子女

在21世纪，独生子女家庭的数量一直保持稳定，目前16.6%的澳大利亚家庭只有一个孩子。约六分之一的孩子是独生子女，因此他们已经完全融入主流。独生子女已经成为一股势力，假如他们是澳大利亚的一个党派，那他们将对占据主导地位的"两大党"形成挑战。

值得关注的是，越来越多的父母出于生活方式的偏好决定只生一个孩子。社会研究表明，独生子女的父母往往受教育程度较高，观念较自由开明，建立婚恋关系较晚，生第一个孩子的时间也较晚。随着女性生育头胎的年龄越来越大，只生一个孩子的可能性比以往任何时候都要大。独生子女父母数量大增的原因很复杂。如今育儿成本和教育费用高昂，再加上抵押贷款利率高、租金承受力低，经济压力是一个不容忽视的因素。如今的澳大利亚人忙于工作和各种业余活动，这也使得养育一大群孩子格外不易。父母把微量的时间和情感资源倾注给一个孩子比倾注给一大群孩子要容易。许多女性及其伴侣在最佳育龄期专心发展事业或做生意，身体条件不支持，情感资源恐怕也不足以支撑。不管原因是什么，独生子女家庭现在是一支不可忽视的力量。要是阿德勒还在世，他将不得不反思自己的观点。如今的独生子女家庭更有可能是富足、稳定、甘愿只要一个孩子的家庭。

独生子女的真实面目

独生子女其实就是不曾体验过失宠之痛的长子女。他们在家里的地位是有保证的。他们具有长子女的大多数特征。《出生顺序新解》的作者凯文·莱曼把独生子女称为"超级长子女"。长子女的追求完美、注重成就和立场保守等诸多特征在这个群体中都体现得格外显著。

独生子女的特点

· 注重成就

· 立场保守

· 充满自信

· 能言善辩

· 自尊心强

· 不够灵活

大多数关于出生顺序的研究表明，独生子女通常自尊心强，比其他排行的孩子更自信、更能言善辩。他们童年时期总有父母陪伴，父母没有其他孩子要照顾，可以把大量时间、精力和育儿资源都花在仅有的一个孩子身上，这无疑了独生子女巨大的学业优势。

　　由于童年时期与成年人相处的时间很多，与那些有兄弟姐妹的孩子相比，独生子女一般更善于跟成年人打交道。独生子女有两个有利的条件。首先，他们童年大部分时间都有成年人陪伴，且常常谈论成年人感兴趣的话题，由此得到的超强刺激会大大推动其智力发展。此外，他们往往独处时间较多，因而比其他孩子更有可能发挥丰富的想象力。他们善于表达、兴趣广泛，而这有利有弊。有些独生子女会受到同龄人排斥或取笑，因为他们显得有点清高冷漠或与众不同。也有些独生子女过于夸夸其谈、过于自信，玩耍时难免有心直口快的孩子站出来嘲弄他们。独生子女的性情和教养会在很大程度上决定他们与同龄人如何交往。

　　人们通常觉得独生子女以自我为中心、不愿跟人分享，然而，这其实取决于父母的养育方式。如果家长对唯一的孩子过于娇惯，任由其为所欲为，并限制他与小伙伴交往，那么，这个家长就是在教孩子只想到"我"而想不到"我们"；如果父母为独生子女提供大量机会跟朋友玩耍和相处，他们就能学习与他人分享时间、分享空间，更重要的是与他人分享自己拥有的东西。

所有长子女都有取悦他人的强烈愿望，这一点在独生子女身上被放大。独生子女小时候只有父母衡量和认可他们的成就，因此无时无刻不需要大人的认可。

独生子女常常追求取得成就和出人头地，目的在于取悦他人，并非得到内心满足。他们不断追问："妈妈，我做得怎么样？""我做得不错吧？""你对我的表现满意吗？"这会让父母不胜其烦。

对父母和成年人认可的渴望会让独生子女努力表现得完美。他们变得像迷你版成年人，有完美的成年人风度，无论是在家里还是在学校里都从事成年人高度认可的活动。澳大利亚的独生子女大多会上音乐课，很少在外面玩耍。他们大多参与由成年人监督和安排的活动，很少参与其他儿童发起的无组织、无监督的活动。独生子女的世界通常井然有序、安全稳妥、可预测性强。

独生子女值得信赖

成年之后的独生子女非常可靠，且具有责任感，因此对任何一个组织机构来说都是宝贵资产。他们能够把事情做得漂漂亮亮，不放过任何细节，因此，无论是完成一个项目、设计一份蓝图还是从事客服工作，这些人都值得信赖。你可以放心地把工作交给他们，不管什么任务，他们都会出色地完成。不过，一定要记得给予独生子女应有的认可，因为这是他们的动力所在。独生子女大多愿意听从指挥而不是主动出击，因此你恐怕需要指导他们启动工作或项目。一旦启动，他们就肯定能办好。他们通常是出色的项目完成者，但往往坐等他人提出要求才会采取行动。

同性别家长的出生顺序很重要

独生子女的特点往往与同性别家长的出生顺序位置特点相似。孩子对同性别家长有强烈的认同感。关于如何看待世界、如何与他人建立联系甚至如何处理问题，他们很多时候会效仿同性别家长。榜样的力量不容置疑，却常常被忽视。例如，与母亲是注重成就的长女相比，如果母亲是性格随和洒脱的幺女，那么，女儿很可能会对生活采取比较宽松自在的态度。同理，与父亲是不安分的次子相比，如果父亲是性格保守的长子，那么，儿子看待世界可能会比较严肃、审慎。

独生子女少年老成

独生子女常常是表现不凡的迷你版成年人。我认识的一些独生女会跟母亲的朋友们侃侃而谈，俨然一副优雅得体的小女人风范。我认识的一些独生子彬彬有礼，展现出超越其年龄的自信和成熟，简直是父亲的完美复制品。独生子女常常令父母引以为傲，因为他们是父母眼中的"好孩子"，哪个父母不想要

"好孩子"呢？与其他排行的孩子相比，独生子女更有可能成为父母的翻版，这就意味着他们更有可能显得少年老成，同时很难有孩子气。有兄弟姐妹的孩子可以跟兄弟姐妹一起淘气，独生子女则往往不那么贪玩，也不那么"傻里傻气"。

关于如何构建自己的世界和自己的生活，独生子女往往得到的指点不多。独生子女的社会环境在一定程度上反映出父母对子女童年生活怀有的抱负和期望。我认为每个人初为人父母时都会根据个人早年经历，以及对子女的期望，规划孩子的童年生活。有时候独生子女的父母认为，他们养育孩子仅此一次，一定要尽心尽力。而在多孩家庭中，随着更多的孩子出生，父母会逐渐放松管教，而且观念发生变化，因此孩子们通常就有更多的自由，不仅可以掌控自己的环境，还可以掌控自己的命运。一个孩子在家庭树上的位置越靠下（排行越靠前），他就越有可能受到成年人的监督。难怪最小的孩子比大哥大姐更有冒险精神，而且不像长子女和独生子女那么在意父母的认可。

跟独生子女打交道要掌握分寸

无论是成年人还是儿童，独生子女都不爱听批评。他们会把批评看得很重，因此觉得自己不够优秀。他们常常把建设性反馈误认为是对自己的攻击。一般来说，不管对谁，在给予负面反馈之前最好先给予赞扬或认同，而对独生子女群体给予建设性反馈时，态度尤为重要。如果独生子女感觉到你对他们有哪怕一丝一毫的批评，他们就会坚决不肯做出改变。因此，如果你要养育独生子女或者与身为独生子女的成年人共事，你最好恶补一下鼓励技巧。

独生子女习惯于生活一帆风顺。他们通常可以决定晚饭吃什么，随时能得到父母关注，上厕所不必排队，也不必跟兄弟姐妹争电视遥控器。生活在很大程度上都依照他们的意愿展开。独生子女在成年以后会很难与他人共事或一起生活，因为他们希望生活像小时候那样按部就班。在事态失控时，这个群体不会自然而然地灵活变通或采取"随大流"的佛系态度。他们喜欢秩序井然、没有意外。这并不是说独生子女枯燥乏味或者不懂享乐，只是他们讲究时间和地点。如果你跟独生子女共事或者一起生活，搞笑或寻开心要选择合适的时机。

三种类型的独生子女

独生子女大致可分为有别于长子女的三种类型：

1.安安静静的成就者

2.超级完美主义者

3.极端主义者

安安静静的成就者

许多独生子女最乐于独自工作。并不是说他们没有团队合作精神，只是对他们来说，群体目标不如个人成就感更有激励性。他们往往喜欢听到同龄人的赞扬，因为他们习惯于成为焦点。这些独生子女自信、能干，并不觉得有必要跟他人争名夺利。他们更喜欢独自工作，自娱自乐。从小时候开始，他们就学会了给自己找事情做。对于这些充满自信的人来说，写作、艺术、平面设计、建筑和居家小公是理想之选，因为他们可以长时间地独自工作，而且能够非常自律地完成任务。

独生子女注重隐私，在亲友同事面前都像一本合拢的书。他们习惯了我行我素，很难妥协，做事只认一种方式，就是他们自己的方式。他们从来不曾照顾过兄弟姐妹，因此往往也不善于向他人提供帮助。

超级完美主义者

许多独生子女对世界抱有很高期望，总是期待事情有最好的结果，而且通常都能如愿以偿。有些独生子女擅长施展魅力，能操纵周围人来帮助他们达到目的或实现目标。他们重视秩序和确定性，混乱、出尔反尔和前后矛盾会让他们恼火。尽管他们有时不能充分发挥潜力，却往往期望他人竭尽全力。

这个群体中的人对自己的期望值很高，对于一项工作，若非能够做到完美，他们就宁可不做。从某些方面来说，这个群体常常发挥失常，但他们总是给人留下牢牢掌控着大局的印象。别人眼里无伤大雅的小问题在他们看来是重大灾难，因为他们习惯了一切朝着自己预期的方向发展。

极端主义者

有的独生子女就好像是一副皮囊里装着两个人似的：他们会在前一秒钟还温文尔雅，但稍不如意便在下一秒钟大发雷霆；他们会在前一秒钟以迷你版成年人的姿态与父母聊天，下一秒钟便转入嬉闹模式手舞足蹈；他们会在前一天醉心于取得成就，第二天又变得不务正业。有兄弟姐妹的孩子很快就会明白，任性胡闹或反复无常通常不会有任何好处（比如会遭到哥哥姐姐训斥），因此他们往往会适可而止。

我在前面讲过，尽管我是家里最小的孩子，但由于跟哥哥姐姐的年龄相差较大，我在成长过程中在许多方面相当于独生子。我的任性胡闹曾经对母亲特别好使，我只要多闹几分钟，她就立刻来哄我。幸好我有个哥哥让我认清现实。跟许多大哥一样，他有自己的方法提醒我别胡闹或者耍小孩子脾气，这一招非常管用！虽然母亲惯着我，但哥哥让我认清了同龄人生活的现实世界是什么样子。

注意与独生子女的关系强度

独生子女与其他出生顺序的孩子的区别在于亲子关系的强度。母亲与独生子女的关系非常牢固。父亲没有别的孩子要操心或考虑，注意力自然也都会落在唯一的孩子身上。这意味着一个孩子会获得父母全部的爱、资源、精力和时间。难怪独生子女学习成绩优异、自尊心强、充满自信和安全感。与此同时，父母对后代抱有的全部希望和梦想都落在了一个孩子的肩上，这会让一个人不堪重负。老大通常对父母的希望和梦想心知肚明，这正是他们被寄予厚望的原因所在。而随后家里每增添一个孩子，压力就缓解一分。独生子女是父母唯一的旗手，压力可想而知！难怪凯文·莱曼说，独生子女往往是"超级完美主义者"。他们常常为自己的错误找借口，稍有失败风险就退缩。这一群体总是瞻前顾后，因为他们不想让父母失望。

独生子女的父母经常掌握不好分寸，把一点点小事看成难以逾越的大问题。他们似乎觉得自己有必要替孩子扫清一切难题或障碍。在育儿讲座后与大家交谈时，我能一眼看出谁是独生子女的家长。这些家长往往关注孩子生活中的很多细节，为拥有三个以上孩子的父母也许压根不会注意到的行为担忧。为了让独生子女的父母换个角度思考，我常常问他们："如果你有六个孩子，你还会担心这个问题吗？"家长总是会心一笑，他们承认，如果有六个孩子，他们会忙得根本注意不到自己所说的这个问题。与小家庭里的孩子相比，大家庭里的孩子往往更多地把目光投向彼此。即使在只有三个孩子的我们家，大女儿也经常听妹妹念书，帮她整理书包，帮她准备上学要带的午餐。如果我们只有一个孩子，这些任务就全都要压在我们夫妻俩肩上。

在《出生顺序对你的影响》（*Birth Order and You*）一书中，理查森夫妇讲到了强度因素。他们提醒说，独生子女可能会成为父母生活的唯一重心。独生子女没有同龄人相依取暖或倾诉发泄，因此父母的任何情感问题都会对他们造成极大伤害。从积极的方面看，理查森夫妇认为，如果父母自身心情愉悦，独生子女可能就会快乐无忧。很显然，父母的任何情绪都会在独生子女身上成倍放大，不管是爱、快乐还是愤怒和恐惧。

所有父母在抚养孩子的过程中都面临共同的挑战：既要与孩子保持亲密，又要给予孩子一定空间——两者之间要保持恰当的平衡。为了培养独立性，我们必须让孩子在学习站立行走的同时具备自己的思想和价值观。我们要给予孩子空间和机会去发展自己的特性。另一方面，我们要确保有足够的机会形成良好的亲子关系。对于独生子女，父母与之建立亲密关系的机会绰绰有余，然而许多家长难以给予孩子空间和自由去自我发展。

养育和应对独生子女的五个策略

与养育长子女一样，切记要让独生子女放松心情，对自己别那么苛刻。不同于其他排行的孩子，独生子女很难做到"当个无忧无虑的小孩"。成为父母聚光灯下的唯一焦点也是有弊端的。

养育或教导独生子女的关键：给予他们空间。

1.父母要爱玩爱闹、敢于冒险

独生子女经常生活在成年人的世界，家里没有人跟他们一起天真淘气。父母在家开开玩笑、干点傻事对独生子女是有益的，所以不妨来点音乐、打打闹闹，或者跟独生子女一起玩耍。如果你自己就是独生子女或长子女，这会是格外大的挑战，但放松下来对你也有好处。你永远不可能把孩子当玩伴，但你会领悟到：任性放纵一下也没什么大不了，孩子就该放心大胆地天真淘气。

还要记住，"快长大吧""真盼望你赶紧长大，别再这么傻里傻气的"，诸如此类的话千万别在独生子女面前说。

2. 不要过度娇惯孩子

尽量不要溺爱或过度娇惯你唯一的孩子。如果我们过度保护孩子，或者不让他们经历童年应有的点点滴滴，我们就剥夺了他们学会解决问题的机会。同理，按捺住冲动，不要对独生子女有求必应。同儿女成群的父母相比，独生子女的父母通常经济条件较宽裕，有能力满足孩子的一切愿望。滚石乐队有一首歌值得全天下父母引以为戒，歌名就叫《你不能总是得到你想要的！》（*You Can't Always Get What You Want!*）。独生子女往往要到上学才知道世界不是围着他一个人转的，这实在令人唏嘘。

3. 不要把孩子当成自己的一面镜子

父母面临的挑战是把孩子抚养成人，使他们能够自立自强，拥有自己的想法、价值观和生活方式。有不止一个孩子时，父母的希望和梦想往往分散给若干孩子。在只有一个孩子的情况下，父母容易把所有希望和梦想都寄托在这个孩子身上。

4.鼓励独生子女与其他孩子打成一片

独生子女通常没有机会与他人分享空间和时间，也没有机会照顾家里的其他人。与其他孩子相处可以帮助他们培养一项重要的社交技能——分享，并让他们对多孩家庭有所了解。来听我讲座的一位女士告诉我，曾经有个独生子在她家过夜，完全不能忍受她的两个儿子争吵打闹，之后再也没来过她家。这位母亲表示，两个男孩子的争吵很寻常，但在一个独生子女的眼里简直不可容忍。

5.一定要让独生子女养宠物

独生子女没有机会照顾他人，养宠物是他们学习照顾除自己以外的其他人或物的一个好机会。独生子女有了孩子以后通常手足无措，因为他们从小就没有学习过照顾他人。孩子需要有一个依赖自己的人或物，这样他们不仅能学习成为可靠之人，还能学习抚育技能。

第七章　次子女和中间子女——
是善于变通还是生不逢时？

随着家庭规模收缩，中间子女越来越少，次子女越来越多。次子女与中间子女拥有许多相同的特点。事实上，很多次子女也是中间子女，所以两者都放在这一章里面来讲解。身为次子女或有三个以上兄弟姐妹的中间子女的读者可能会在心里说："我一辈子都在和别人分享，在一本关于出生顺序理论的书里面还得和别人分享一个章节。真是造化弄人！"

次子女着实可怜，加油啊！

中间子女（很可能就是次子女）容易受哥哥姐姐影响。关于出生顺序的一条经验法则是，孩子们都受哥哥姐姐的直接影响，而且会与这个哥哥/姐姐不同。《天生反叛》的作者弗兰克·萨洛韦认为，长子女和次子女在人格、兴趣和成就方面都有所不同。一般来说，中间子女或次子女会具有长子女所没有的特点。他们会观察哥哥姐姐，有意选择与其不同的兴趣和行为。如果老大的责任心很强，老二就很可能是捣蛋鬼，至少会比较漫不经心。如果老大严肃庄重（这是他们的典型特征），老二就很可能脾气随和、爱交朋友。如果老大学习成绩优异，老二就很可能在其他领域出类拔萃，比如艺术或者体育方面。有时候，这种差异极其微妙。澳大利亚板球界双胞胎史蒂夫·沃（Steve Waugh）和马克·沃（Mark Waugh）并驾齐驱，然而两个人的球风截然不同，反映出他们的出生顺序特点。史蒂夫是哥哥，打起球俨然就是一副长子做派。他进取心强，注意力高度集中，认准了目标就不放松。他始终关注自己的击球跑动得分率，始终保持着每局大约50次跑动得分的骄人成绩。他的弟弟马克（常常被称为"小沃"）在比赛中则表现出次子女特有的热情奔放、神采飞扬。他最后的击球跑动得分率比哥哥要低得多，而且总体风格也不一样。马克的球风以漫不经心、热情奔放、潇洒自如为显著特征，他的哥哥则尽量避免一切没有把握的击球。

有时候，次子女能够在长子女云集的领域一展身手。如果他们胜出，那就很有可能扭转与长子女之间的位置关系。例如，如果兄弟俩中的弟弟比哥哥更强壮、更爱运动、更有天赋，那他也许就会变得更有气场，哥哥则退居其次。或者，如果排行老二的女孩天生具有父母特别是母亲所偏爱的性情或身体特征，她可能就会获得通常专属于长子女的待遇。如果长子女患有多动症或其他疾病，次子女就会得到更多的偏爱，长子女则鲜有当"老大"的责任或机会。出生顺序与一个人的实际职能有关，它不仅仅是一个人在家庭中所处的位置而已。

次子女的到来不如长子女令人兴奋

第一个孩子的出生对父母来说堪称改变人生的大事，第二个孩子的到来则未必引起同样多的关注。并不是父母已经习以为常，而是他们的生活已经被改变。不就是再多一张嘴吃饭、多一堆尿布要洗嘛，对生活没什么大影响。

生二胎的准备工作不像生头胎那么细致严谨。许多父母直接用给老大挑剩下的名字为老二命名，也不再参加产前学习班。他们一般都忙于照顾第一个孩子，根本无暇旁顾。生二胎的准备工作通常包括给新生儿"腾地方"——把第一个孩子从婴儿床搬到小床，或从一个房间搬到另一个房间。

老二的即将到来通常会给老大带来一段时间的心神不宁，聪明的父母会花大量时间做好老大的安抚工作。

第二个孩子的降生对父母来说可能不像第一个孩子降生时那么激动人心，对老大来说却是改变人生的事件。当你把老二抱在怀里百般疼爱时，你会本能地知道，从今往后，你的时间和精力都要由这个孩子和老大分享。老大曾经受到你的全部呵护，老二却要跟他人分享母爱。如果说老大是试验品和开拓者，那么老二就是老大的对手，要争夺你的关注、精力和赞赏。老二会千方百计赶上老大，所以较早学会爬和走。这种模式贯穿整个童年时期，老二往往比哥哥/姐姐更早地参与休闲活动和体育运动。这是很自然的，因为他们总是如影随形地跟在老大身后。老大出于自身利益考虑必须让老二规规矩矩地当跟屁虫，或者至少让人觉得自己胜弟弟/妹妹一筹。他们常常会不遗余力地提醒父母注意到他们的优秀。老大从不放过指出弟弟/妹妹不当行为或缺点的任何机会，生怕父母没注意到。面对竞争，老二要么针锋相对，要么发展自己独特的人格、素质和特点，在老大不感兴趣的领域脱颖而出。

老二的生活不同于老大。他们的生活十有八九围绕着老大的生活展开。老二最好习惯于跟在老大的后面，因为他很可能要陪着老大去游乐场、参加学龄前活动。午觉还没睡够就被父母叫醒一起去接哥哥/姐姐放学，这种事对老二来说是家常便饭。老二学会了适应，所以灵活变通是他们的一个重要人格特点。

尴尬的家庭位置

次子女和中间子女通常生不逢时。他们出生的时间不够早，没有大哥大姐那样的优厚待遇；如果有弟弟妹妹的话，他们出生的时间又不够晚，未曾受益于弟弟妹妹享受的那种宽松的养育方式。他们常常用哥哥姐姐的旧物，与父母独处的时间较少。大哥大姐率先确立了作息模式，他们不得不适应。身为中间子女的老二在某种程度上是矛盾体。要想了解某个中间子女，就必须仔细研究这个孩子的哥哥姐姐和弟弟妹妹。年龄的分布对于中间子女的兴趣和出生顺序人格发展至关重要。中间子女的出生顺序特征与年龄最接近他们的兄弟姐妹，或者与他们小时候常在一起玩耍的孩子息息相关。下面的例子可以说明，兄弟姐妹的年龄和性别格局不同，中间子女的人格发展也会不同。

中间子女的假想发展模式

第一个家庭	第二个家庭
女儿——15岁	儿子——14岁
女儿——13岁	女儿——9岁
儿子——8岁	女儿——7岁
儿子——6岁	女儿——6岁

在第一个家庭，老二的年龄与老大最接近，因此她十有八九会形成次子女特征。她与姐姐性别相同，很可能会形成一套与姐姐迥异的性格特点和兴趣爱好。再看第二个家庭，老二也许会有老大姿态，因为她在年龄上更接近两个妹妹而不是哥哥。这个家庭里的老三很可能会有次子女或中间子女倾向，因为她是接连出生的三姐妹中的第二个。我猜想，这个7岁小姑娘的处境最为不妙，原因是她上有姐姐下有妹妹，挤在这两个同性别的手足中间。一般来说，假如是几兄弟或几姐妹，那么，处于中间的孩子最为不利。他们通常得到的父母关注比兄弟姐妹要少，于是常常想出一些不那么讨人喜欢的办法来引起父母

的注意。他们可能会是人们常说的家族中的"害群之马",与全家人喜爱的活动、职业或生活方式格格不入。如果家里其他孩子都以事业为主,处于中间位置的这个孩子可能就会选择照顾家庭;如果其他孩子都学业优秀,处于中间位置的这个孩子可能就会在学习以外的活动中脱颖而出。同性别的中间子女一般会选择与兄弟/姐妹不同的道路。

如果有异性兄弟姐妹,中间子女的日子通常就会好过一些。他们会因性别显得"特殊"(这是每个孩子都暗自渴望的),从而得到父母的格外关注。大多数父母似乎都希望儿女双全,所以这些中间子女的处境会很有利。如果排行处于中间位置的男孩有姐姐妹妹,他们有时会在跟其他男孩交友方面遇到困难,但与女孩子打交道往往游刃有余,尤其是如果他们与姐姐妹妹年龄相差不大的话。处于这种位置的男孩恐怕需要与父亲保持密切关系,以强化自己的性别认同。就中间子女而言,如果其性别与老大不同而与老幺相同,那他们的处境就再好不过了。他们不必像大哥大姐那样承受巨大压力,却也背负着一定的期望。此外,他们是同性别手足中的老大,会体验到老大的一些特权乃至老大常受到的赞誉。父母很可能会要求中间子女帮忙照顾弟弟妹妹,带着弟弟妹妹一起参加各种活动。

次子女的真实面目

次子女往往成为家里那个自由散漫的孩子,最容易招惹或激怒兄弟姐妹。如果你的三个孩子安安静静地坐在电视机前，突然你听见屋里传来一声尖叫，那八成是老二在兴风作浪。老二要么是捶了老幺一拳，要么是用尺子或者别的什么东西打了老大。中间子女就是这样，他们绝不安稳度日！

次子女和中间子女的特点

- 灵活变通
- 办事圆滑
- 容易相处
- 自由散漫
- 慷慨大方
- 心胸开阔
- 爱好交际
- 喜欢竞争

既是次子女也是中间子女的孩子成年后往往最有韧性，通常会成为了不起的人。他们的特征很难简单地概括，因为其周围被很多人环绕，个性会受很多人影响，尤其是他们的哥哥/姐姐和众多家庭成员。许多次子女性格叛逆，行为举止更有可能令人瞠目或难以预测。在一个出生顺序讲座上，我请到场者按出生顺序分组，给每组各发了一页纸（纸上列有一项小组活动的说明），然后退到一边观察各组的反应。不出所料，长子女那组最先开始研读。他们围坐在一起，认认真真地着手完成任务。接下来动手的是独生子女。幺子女通常要等我催促才会动手，不过，他们讨论得非常热烈。次子女组的代表拿起说明书，做了只有次子女会做的事情——看完任务说明，她把纸撕成碎片，以行动表明她不打算参与我的活动。次子女爱跟人作对，但也善于交际。参加那个讲座的人员所从事的行业通常会吸引大批长子女。然而，这个活动表明，其中很大一部分员工是次子女。难怪这个小组拥有如此友好的氛围！

如果要给一个组织推荐前台人员，或者需要一个具有灵活沟通技巧的谈判代表，我每次都会选择次子女。次子女小时候在与哥哥/姐姐的相处中处于弱势地位，所以他们学会了谈判和妥协。这些孩子从生活经验中领悟到：人际关系就是互相迁就、互相妥协、偶尔受挫。

次子女从小就学会了灵活变通，因为他们通常要适应哥哥/姐姐的生活节奏。如果老大和老二都在托儿所度过童年，这种情况就会不那么明显；但如果两个孩子都在家里长大，那么，老二什么时候吃饭、能玩多长时间、几点上床睡觉可能就要围绕老大的作息时间来安排。这就是次子女的生活状态。从许多方面来讲，与长子女和独生子女相比，次子女对生活的期望要少一些，他们对变化和逆境比较能泰然处之。凯文·莱曼在《出生顺序新解》一书中称，中间子女一般比其他排行的孩子都要独立和坚强。虽然这是优良品质，但他也指出，在需要帮助时，次子女是最不可能求助的。次子女常常在幼年就学会一切由自己承担、凡事依靠自己。他们还以守口如瓶著称，无论是喜还是忧，他们大多会向朋友而不是家人倾诉。他们从小就学会把事情藏在心里，一旦大大咧咧的兄弟姐妹了解到他们的内心想法，他们就会气急败坏。

到家庭之外寻找归属感

中间子女的朋友圈通常比哥哥姐姐的要大。上有哥哥姐姐下有弟弟妹妹，或许是他们比较合群的原因之一，但他们爱交朋友还有更深层的原因。次子女从小就知道，他们不能总是当哥哥/姐姐的跟屁虫；如果他们有弟弟妹妹，那他们也不能总向父母求助。次子女自然就转而以同龄人为盟友。他们往往会设法加入一些群体或组织，目的是凭借自己的本事找到归属。次子女希望有一个属于自己的群体，不受兄弟姐妹的干扰和父母的控制。他们一般也是最先自立门户的孩子。成年以后，他们很可能也会最先搬到另一个城市生活。这并不是说他们试图逃离家人，或者说家庭关系不牢固。真相在于，他们对于得到家人认同和认可的需求不那么强烈。他们可以在其他地方找到归属感。

三种类型的次子女

尽管这个群体很难准确描述，但次子女大致可分为三种类型：

1.社交高手

2.正义化身

3.外交人员

社交高手

下次出席宴会时，不妨观察一下哪些人如鱼得水。我猜测，在全场左右逢源的必定是次子女。在职场上，不妨留意哪些人一有同事搭讪便打开话匣子，哪些人埋头干活不受外界干扰——爱在工作过程中聊天的八成是次子女。下次你在给车加油或者逛超市时，注意收银员是否主动与你攀谈。我的直觉是，次子女通常会这么做。很多次子女是天生的社交高手。

即使到了领导岗位上，次子女也会在工作中展现其社交技能和"自来熟"倾向。事实上，他们通常会是富有魅力的领导，善于沟通，与他人一见如故。过去40年里最受欢迎的澳大利亚前总理鲍勃·霍克（Bob Hawke）就是家中次子，这绝非巧合。霍克被公认为"人民公仆"，他能与各行各业的人打成一片。他以擅长交际著称。正如次子女的叛逆特点，他也是公认的改革派总理，与财政部长保罗·基廷（Paul Keating）一起实施了至今让澳大利亚人受益的诸多经济和社会改革政策。

次子女通常比哥哥/姐姐要合群，与同龄人在一起的时间也更多。事实上，很多次子女根本无法忍受被任何社交活动排除在外，宁愿带病上学也不肯错过有趣的活动。所有这些社交活动都是为他们以后的人生进行的充分历练，也难怪次子女在任何一个团队中都是宝贵的资产，他们可以成为将群体凝聚到一起的社交黏合剂。

正义化身

次子女和中间子女的正义感往往格外强烈。他们小时候常常经历父母对自己不公平的情况，有同性别兄弟姐妹的孩子尤甚。次子女眼睁睁看到哥哥/姐姐享有更多特权、弟弟/妹妹集万千宠爱于一身，他们会努力去适应，不会一直为此烦恼。他们明白大惊小怪无济于事，所以就安于现状。然而，对于哥哥/姐姐觉得微不足道、弟弟/妹妹则压根注意不到的一些事情或问题，他们会采取寸步不让的坚定立场。他们可能会在看多长时间电视等琐碎问题上不肯让步，因而显得十分固执。次子女或许在大多数事情上很好说话，但往往在某些问题上固执己见。毕竟，"总得有让我说了算的时候吧，这样才公平"。

次子女常被贴上叛逆标签。的确，他们常常抵触传统思维，拒绝按父母认可的方式行事，甚至在职场不听从公司的安排。有一位身为次子的先生就职于一流律师事务所，每天按公司规定穿着正式西装、打着领带上班，脚上却穿一双大红色牛仔靴。这身打扮很奇特，却着实有效地表达出抗议，其潜台词是：我遵守公司的着装规矩，但我认为这套规矩很傻。阿德勒在谈到次子女时说："他往往认定，世上没有无法被推翻的权力。"

从更大的范围来看，我发现许多次子女有着强烈的社会公正意识，他们很可能会支持某项事业，如果这项事业涉及保护遭遇政治或社会不公的人，他们会格外积极地给予支持。次子女会从事医生、心理咨询师和社工等能够给予他人帮助的职业，或者自愿花时间去当各种组织的志愿者。他们真心实意地想要纠正世界上的一些错误，或者帮助那些受到不公正待遇的人。长子女需要实现人生目标才能感觉到成功，很多次子女则需要支持某项事业来赋予人生意义。

外交人员

《圣经》里说："使人和睦的人是蒙福的。"中间子女大概从小就知道，无论是跟哥哥姐姐还是跟弟弟妹妹，保持和睦比无休止地争执要容易。他们习惯于妥协，因为他们知道，迁就兄弟姐妹的意愿通常比事事争来争去要简单。上有哥哥姐姐下有弟弟妹妹的好处是，你可以根据需要在两个人或者两个群体之间摇摆。中间子女往往喜欢同哥哥姐姐一起学习、玩耍，但如果哥哥姐姐不在身边，他们也会高高兴兴地跟弟弟妹妹一起玩。他们不仅学会适应不同的角色，而且学会适应不同年龄群体的需要和规范。他们最先体验到哥哥姐姐进入青春期的过程，并因此感到困惑。"为什么我不能跟他一起上厕所了？""她为什么突然变得这么害羞了？""为什么他不像以前那样愿意跟我玩了？"次子女经常先于父母学会与青春期的家庭成员相处。

次子女通常更善于从不同角度看问题。长子女观察世界的角度往往只有一个，那就是他们自己的角度。而次子女和中间子女能学会接受不同观点，通常比其他排行的孩子更具有同理心。

养育和应对次子女和中间子女的五个策略

在当今小家庭时代，次子女的实际职能可能会跟长子女一样，因为他们也许会是自身所属性别的第一个孩子。然而，次子女在家和在学校的行为问题通常比其他排行的孩子要多。他们常常觉得受夹板气或者觉得生活不公平。

养育或教导次子女的关键：帮助他们体会到自己的"独特"。

1.切忌把次子女与兄弟姐妹对比

"你姐姐多优秀啊，你怎么就不能多学学你姐姐呢？"诸如此类恨铁不成钢的话只会让弟弟妹妹们灰心丧气。这种对比说明父母不了解出生顺序对孩子人格发展的影响。次子女或中间子女会仰望哥哥姐姐，如果看到哥哥姐姐更聪明、更敏捷、更有能力，他们很可能就选择一条与之不同的发展道路。

有时候，在子女之间进行的对比十分微妙，连我们自己都不曾察觉。有位母亲把大女儿的毕业照摆在家里最显眼的位置。她没有意识到，这让学习成绩欠佳的老二备感沮丧。用这个次子女的话说："索菲的照片挂在了餐桌上方，所有人都能看到。这让我知道父母眼里的成功指的是什么。每天早上吃早饭的时候，那张照片就提醒我想想父母对我的期望，而我知道，我永远不可能像她那样成功。所以我干脆不努力学习了。与其千方百计达到他们的期望，还不如调皮捣蛋来得容易。"

2.帮助次子女发现自己的专长

帮助次子女取得成就的最好办法是帮助他们发现自己擅长的领域，这些领域可能与父母和老师看重的领域不同。他们需要能让自己发光的专属地盘。这在孩子小的时候比较困难，但随着他们度过童年进入青春期，学校和社区里会有各种各样的机会让他们各显其能。你必须坚持的一点是，即便他们的兴趣点与你不同，你也要给予尊重。如果你非常重视孩子的学习成绩，孩子却在音乐或体育方面显示出才华，那么你必须接受并在他们的专长领域培养起兴趣。

3.倾听孩子的心声

次子女往往受到忽视，或者要靠闹脾气才能引起关注，所以，对于愿意倾听的成年人，他们会乐意倾诉。次子女常常守口如瓶，把事情藏在心里，所以对待次子女要格外体贴，耐心地倾听他们讲话。如果家里孩子很多，或者次子女意识到父母在哥哥/姐姐身上投入的时间和精力较多，他们的心声就会无处诉说。

4.主动找时间与次子女独处

在三孩家庭里，老二与父母相处的时间往往比其他两个孩子都要少。老大在人生初期阶段已经独占父母一段时间，老幺在哥哥姐姐上学或进入青春期有了各自的兴趣爱好之后，往往有更多时间与父母相伴。父母要主动找时间与次子女独处，可以带他们一起逛街购物、邀请他们一起观看体育比赛，或者单独带他们去郊游。培养共同的兴趣或者一起参加活动是与次子女建立牢固关系切实可行的办法。

5.不要让次子女回避冲突

有些次子女也许会成为未来的外交官，也有些次子女则竭尽所能避免冲突。他们需要认识到，遇到他人施压时，妥协意味着寻找共同点而不仅仅是屈服。这些孩子可能会选择让步来息事宁人。对于次子女，尤其是女孩，你必须激励他们维护自己的权益，不能为了避免争论而轻易屈服。

第八章　幺子女——是颐指气使还是颠倒众生？

要是没有幺子女，这个世界将枯燥乏味、平淡无趣。事实上，要不是因为有幺子女，我们也许至今还住在洞穴里，因为幺子女最有可能琢磨"一定还有更好的办法"。幺子女往往更具有创造性和创新性，弗兰克·萨洛韦在其大量关于出生顺序的研究中发现，幺子女最有可能挑战传统思维、提出激进想法。这真让人感到意外，而且会让大多数幺子女感到不自在，因为他们并没有刻意为之，而且也不觉得会有人在意。

幺子女一出生所处的位置就与哥哥姐姐完全不同，尤其是如果家里孩子不多的话。父母在养育哥哥姐姐的过程中积累了育儿经验，并且他们并没有长子女那样的压力。他们的出生不像长子女的到来那么惊天动地，有些家长在给幺子女填写出生登记表时还没想好取什么名字！"啊，我们给他取个什么名字呢？就叫贾里德吧，嗯，听起来不错。"

幺子女应该感谢哥哥姐姐

幺子女应当感谢哥哥姐姐让父母积累了育儿经验。是哥哥姐姐让父母了解了孩子的各个发展阶段，提供了有关婴儿、幼儿、学龄前、小学和青春期的首期体验课程。是哥哥姐姐承受了父母因为育儿经验不足而出现的焦虑和忙乱。到幺子女出生时，父母对整个育儿过程已经驾轻就熟，除非他们遭遇不幸，比如某个孩子长期生病乃至夭折，否则不会焦虑。有了丰富的育儿经验，父母通常就会有更开阔的视角，更明白哪些事情重要、哪些事情不必计较。有经验的父母不会为孩子的每一次感冒鼻塞大惊小怪，也不会事事追求完美。

对于长子女，父母在大多数事情上都非常执拗。比如我就曾坚定不移地给老大立下规矩：15 岁以前在家里不许看成人级电影。在他十三四岁那段时间里，我们经常为他能看哪些电影发生争执。而与此形成鲜明对比的是，我们的小女儿到 14 岁时已经看了很多成人级电影。在很大程度上，与其说是我的育儿标准改变了，不如说是我认清了她能看懂哪些电影。而且我已经明白，不肯变通的"你不能如何如何"的态度毫无用处。

父母更难打动了

如果说父母在最后一个孩子出生时已经对育儿采取比较放松的态度，那么，幺子女通常会发现，要想用习得知识、技能和新本事来打动父母很困难，他们不得不加倍努力。到了抚养第三个、第四个孩子时，学用便盆、蹒跚学步、学龄前艺术表现等方面的"成就"已经很难让父母欣喜若狂。父母早就见识过这些。并不是父母不为孩子的进步感到高兴，而是这就好比听到一个已经听过无数次的笑话——你也许会出于礼貌笑一笑，但很难发自内心地感到愉悦。父母还往往会对老幺的成长过程有些不耐烦。"另外几个孩子难道也是过了这么久才学会走路、说话、认字的吗？"

父母对幺子女的期望往往要低得多，因此幺子女出人头地的压力比长子女要小。下面这个案例可以说明，父母的期望可能会对孩子的自我认知产生巨大影响。

我们姐妹三个，老大和老幺相差6岁，我是年龄最小的一个。两个姐姐都学习成绩优异。我的成绩也很好，可我从来没觉得这有什么了不起。父母从来没有督促过我要格外认真地学习，也没强迫过我要达到跟两个姐姐一样的水准。他们不经意间向我传达出这样的信息：我的能力不如两个姐姐。所以我觉得自己不如她们俩，觉得自己大概令人失望吧。作为家里的第三个女孩，我在潜意识里认为"我要是个男孩该多好啊"。因此，尽管没有人对我说过什么不好的话，但我的性别和排行深深地影响了我的自我认知——无论这种感觉对不对！

有些家长不太重视对幺子女的教育和培养，可能有多个原因。比如，他们的时间和精力有限，不得不把时间分配给多个孩子。当最后一个孩子出生时，父母常常已经出现"教育疲劳"。哥哥姐姐往往对弟弟妹妹的教育和培养发挥重要作用，这有助于增强他们的独立性，却多多少少会助长弟弟妹妹对他人的依赖。在我自己的家里，大女儿晚上和妹妹睡一张床，每天都要躺在床上没完没了地给妹妹读故事书。妹妹乐得有人读书给她听，所以花了很长时间才养成睡前自己看书的习惯。

"我会锲而不舍"

许多幺子女的一个共同特点是锲而不舍。他们在小时候就领悟到，如果他们坚持要自己想要的东西，软磨硬泡，就能赢了哥哥姐姐，最终让父母屈服。家里的老幺通常可爱迷人、能够颐指气使。他们喜欢随心所欲，而且总是能如愿以偿。幺子女天生就面临这样的处境，家里的每个人都比他们更大、更聪明、更有能力。周围人都比他们阅读能力更强、脑子更聪明，并且能非常迅速地系好鞋带。

"能有人把我当回事吗？"

幺子女还常常不被别人当回事。似乎人人都喜欢提醒幺子女他们能力不够，尤其是家里的老大。许多老幺想必都听惯了这样一句话："你太小了，干不了这事儿。"聪明的老幺不会跟老大争，他们知道这样做毫无益处。他们学会了不去试图超越大哥大姐，因为大多数家庭有一条不成文的规矩——老幺应该乖乖地守本分。不过，幺子女也领悟到，如果真的特别想要什么，他们通常比哥哥姐姐更有可能得到。因此，幺子女的拿手好戏就是不停地唠叨、抱怨、软磨硬泡。

撒娇也是幺子女的撒手锏。小女儿通常能把父亲支使得团团转。她们知道，只要自己装出可爱、脆弱、无助的样子，男性成年人就会来帮忙。小儿子对母亲也能产生类似的效用，众所周知，即便他们已经发福、秃顶、油腻，母亲仍会称之为"家里的小宝贝"。父母以长子女为荣，然而，他们的快乐往往在幺子女身上。

精于赢得宠爱这门艺术

幺子女拥有一项不断精进的技能，那就是让其他人听命于自己。明明周围有一帮能干的人，如果自己不充分加以利用，岂不是浪费？不妨观察幺子女跟他人相处的情形。他们会让别的孩子替自己做各种各样的琐事，而那是长子女做梦都想不到可以交给别人去做的。例如，我的小女儿这些年一直巧妙地偷懒，让哥哥姐姐替她各种跑腿。如果她在看电视的时候想喝水，她会等着家里其他人进厨房，然后非常礼貌地请他们顺便给她带一杯水。每次她开口请家长解答家庭作业中的疑问，结果往往发展成家长替她完成全部作业。她把任务转移出去的方式巧妙而有效，而这是大多数幺子女的共同点。

在前不久的一次讲座中，我提到幺子女支使他人为自己效力的倾向。讲座结束后，一位女士走过来对我说，她有四个儿子，最小的儿子理所当然地以"全家人的小宝贝"自居，成年以后依然一遇到困难就向哥哥们求助。有一次他的车坏了，这个28岁的"小宝贝"竟然打电话给母亲，问母亲能不能去接他一下。我问这位母亲当时是怎么回答的，她疑惑地看着我，说："那还用问？我当然去接他了呀！"瞧，这就是老幺的魔力！

规矩都是为别人定的

幺子女的纪律意识往往不及哥哥姐姐。理查森夫妇在他们的《出生顺序对你的影响》一书中指出，幺子女往往认为，规则都是为别人制定的，跟他们没关系。我自己就是老幺，从小就比哥哥姐姐拥有更多的自由，即使破坏了规矩也更容易得到父母的原谅。我感觉，他们只会在一些非常重要的问题上管束我，至于卧室太乱、回家太晚之类鸡毛蒜皮的小事，他们视若无睹，而哥哥姐姐却会因为这些事情遭到训斥。我知道，和他们相比，我的日子过得太舒服了！

幺子女的真实面目

凯文·莱曼在《出生顺序新解》一书中称幺子女"很矛

盾"。我听到过有人说幺子女"可爱迷人""娇生惯养""依赖性强""爱支使人""温柔亲切",却是第一次听到有人说他们"很矛盾",不过,这个说法不无道理。许多老幺有两面性,有时极度开心,有时极度悲伤;一会儿是让人大笑的开心果,一会儿眉头紧锁,仿佛承载了全世界的忧愁。他们可以在一天之内时而热情,时而孤僻。他们大多数时候很随和,却会毫无来由地突然翻脸成为最难相处的人。许多幺子女通常不会采取中庸立场,他们的情感世界往往黑白分明,鲜有灰色。莱曼对这种矛盾现象没有做出过多解释,只是将其归因于父母对他们的抚养常常走极端,一会儿百般宠爱,一会儿又随意调侃。

幺子女的特点

·喜欢冒险

·锲而不舍

·热情开朗

·可爱迷人

·花样百出

·创造力强

·不惧权威

有些幺子女的所作所为似乎传达出这样的信号:"快看我!"老幺的心理是很矛盾的。他们不像老大那么在乎父母的认可,却特别需要关注。他们非常渴望赞美和鼓励。与大哥大姐不同，老幺喜欢听到赞扬和鼓励是为了得到关注而不是认可，或许这是因为他们小时候没人注意、没人倾听、没人重视。他们做任何事情都不像哥哥姐姐当年那样引起惊叹。无论是走路、说话、系鞋带还是上学，他们都不是开创先河的人。或许这就是为什么表演艺术，尤其是当演员和演喜剧对幺子女具有巨大的吸引力。许多幺子女领悟到，将同龄人和兄弟姐妹逗乐是获得关注的绝佳方式。他们充分利用了自己的天真可爱，既赢得了笑声又不会冒犯他人。

幺子女更有可能勤于思考、找到自己的做事方式。由于他们不像大哥大姐那样在意父母的认可，所以受父母的约束较少。幺子女无须取悦父母，也不承受很高的期望，于是往往我行我素，能够在家里其他人未曾涉足的领域取得成就。大概正是出于这些原因，富有创造性、艺术性的行业充斥着弟弟妹妹，大哥大姐则更有可能最终走上领导岗位。

排行最末的男孩往往比哥哥姐姐们要鲁莽冲动，做事不考虑后果。他们的鲁莽可能引起父母的担忧，因为这很危险。老幺渐渐明白，只要身边有一个责任心强的哥哥/姐姐照顾自己、保护自己，自己就可以不必小心翼翼。既然有人替自己操心，自己又何必操心呢？

积极的一面是，与哥哥姐姐相比，老幺更有可能进军新的领域、尝试新的体验。幺子女如果想出人头地就会另辟蹊径，不会去跟哥哥姐姐竞争。因此，如果哥哥姐姐学习成绩优异并从事社会地位高的工作，老幺就有可能荒废学业，却在体育、艺术或其他爱好方面出类拔萃。成年后，幺子女往往不像大哥大姐那么重视事业成功。在他们眼里，工作满意度、友谊和个人幸福感通常重于飞黄腾达。有鉴于此，幺子女往往是追随者而不是领导者。

老幺可能会显得有点以自我为中心，这大概是因为他们在家往往较少帮助别人。父母常常忘记给老幺分配家务和其他家庭责任。即便父母给他们交代了事情，有的幺子女也会拖拖拉拉，让哥哥姐姐替自己完成大部分工作。幺子女可以长时间地当小宝贝！

三种类型的幺子女

幺子女大致可分为三种类型：

1.急性子

2.智多星

3.万人迷

急性子

在一次会议上，你提出一件重要事情，大家热烈讨论，唯独有一个人坐立不安，一副"赶紧结束吧"的表情。你遇到过这种情况吗？那个人很有可能是幺子女，他对这种讨论很不耐烦。许多幺子女充分体现了耐克的那句古老口号"Just do it（想做就去做）"。小时候，他们喜欢先行动再考虑后果；成年后，他们喜欢未经衡量利弊就全身心地投入某个新项目。幺子女对任何一个群体来说都会是一笔宝贵财富，因为他们往往是活动的发起者——第一个步入舞池，第一个在工作中尝试新创意。不过，他们恐怕需要身边有人提醒自己，不要太过鲁莽，要考虑到一旦失败会产生的可怕后果。

智多星

如果你创意枯竭，那么，不妨找个老幺来启发自己。他们未必能亲自动手解决你的难题，但也许能想出办法。幺子女的发散性思维正适合艺术和创意性挑战。这群人往往不拘泥于传统思维，不害怕尝试新的或不同的东西。许多幺子女看上去心不在焉，甚至说不出个所以然，但千万别被他们的表象迷惑。一旦把他们放在合适的环境中，或者给他们机会提出点子，抑或运用其创造天赋，他们就会锋芒毕露。

万人迷

如果兄弟姐妹们要推选一个人出面说服妈妈给大家买点好吃的，他们会选谁？有证据显示老幺是最佳选择，因为他们知道如何施展魅力来达到目的。幺子女通常善于从别人那里得到他们想要的东西，他们具备成为优秀推销员的一切潜质。

首先，他们坚持己见，不接受否定答复。真正的幺子女很清楚一切问题都是可以解决的，如果遭到回绝，那只能说明他们需要更加努力地说服别人。幺子女通常从小就发觉，如果妈妈对他们的要求说"不"，只要他们锲而不舍，妈妈最终就会改变主意。即使面对最强有力的抗拒，老幺也自有办法达到目的。其次，幺子女的人缘通常都很好，原因是他们富有人情味。他们或许说起话来喋喋不休，但他们往往很讨人喜欢，这对从事销售工作是一大优势。最后，老幺都爱玩、爱寻开心。他们总是一副开开心心的样子，这能化解一切怒气。几年前，我正在一家4S店对着几辆车犹豫不定，一名销售人员走过来，我立即在心里筑起防线。他笑呵呵地说："您随便看看，如果有喜欢的车就告诉我一声，您可以试驾。祝您愉快。"他的友好态度使我彻底缴械。我从他那里买了车，而且不是一辆，是两辆，一辆给妻子休，一辆给我自己。在签购车合同时，我问起他在家里的排行，并猜测他是老幺。他惊愕地看着我，说他是六个孩子中最小的一个，也是唯一的男孩。难怪他一副乐天派的样子！

老幺往往生性爱玩、锲而不舍、人际交往能力强，成为出色的推销员也就不足为奇。

养育和应对幺子女的五个策略

幺子女每天都面对这样的暗示：有人比他们更高大、更聪明、更有能力。因此，他们也就常常扮演别人赋予他们的无助角色。

养育或教导幺子女的关键：让他们承担责任。

1.不要忽略他们

幺子女很容易在人群中被忽略。他们即使取得成就，似乎也不会像哥哥姐姐那样引人关注。父母不妨对他们的成就大加赞赏。即使他们带回来的手指画是你收到的第四幅，也一定要表示惊叹，因为对这个孩子来说是人生中的第一幅。

他们有时会被哥哥姐姐戏弄、压制或嘲笑，而你根本不知情。因此，要教给这些孩子一些保护自己的办法。我记得，我曾经给小女儿上过几堂实用的自信课，帮助她对抗哥哥的戏弄。以前哥哥叫她的外号时，她要么来找我告状，要么冲着哥哥高声尖叫，而这正是哥哥希望看到的反应。我让她昂首挺胸站好，勇敢地说出"谢谢你，可我并不这么认为"之类的话。这些话旨在灭掉哥哥的威风，让他知道妹妹不会上他的圈套。

老幺习惯于做旁观者，所以要确保他们有机会表达心声。有时候，哥哥姐姐会替小弟小妹答话。比如，陌生人问小弟小妹叫什么名字，哥哥姐姐很可能会抢着回答。幺子女往往习惯于在家庭聚会上听哥哥姐姐说话或者听他们跟亲戚朋友聊天。你需要主动邀请老幺跟祖母说说全家人的过节情况，或者负责点外卖。

2.给予他们责任

幺子女时常觉得无论自己做什么事情都难以令人满意，于是渐渐摆出无能为力的姿态，逃避工作。别信以为真。要给这些孩子帮忙的机会，让他们感觉到自己的重要性。不要把所有责任都交给有能力的孩子，而是要交给需要培养能力的孩子。

在我们家，几个孩子的做饭能力依次下降。老大萨姆经常学做饭，也有机会实际操练，到小学毕业时，他已经可以每个星期给全家人做一顿饭了。再看年龄最小的萨拉，她到了念完小学的时候，依然不会做饭。问题并不在于她缺乏兴趣，而在于缺乏锻炼厨艺的机会，因为到她出生时，哥哥姐姐已经厨艺娴熟，所以她就染上了幺子女的通病——佯装无能。对此我心知肚明。给孩子造成伤害的一种方式就是溺爱、纵容、不寄予厚望，因为这样他们的自信心会急剧下降，渐渐地越来越自卑。幺子女最有可能受到纵容、保护，始终是家里的小宝贝。因此应该把家务进行分工，确保老幺也承担应有的家庭责任。

3. 鼓励他们自己做决定

幺子女习惯了随大流，逐渐变得对什么事情都不肯做决定。不妨在外出就餐时让他们点菜，让他们决定晚餐吃什么、当天穿什么衣服、一家人去看什么电影。

4. 给他们一点压力

如果说我们需要给老大松松绑，那么，对老幺，我们往往需要给他们施加压力，督促他们努力学习。仗着年龄最小，老幺有时候可以自由散漫却不受苛责。你可以经常提醒幺子女更努力一点，因为这个群体比较散漫不羁，所以一定要让他们知道自己行为的后果。大多数研究人员认为，与哥哥姐姐相比，幺子女比较缺乏纪律性，却最有可能受到父母的偏袒。不妨给不同年龄段的孩子列出不同的规矩、责任和特权，从而让老幺体会到人生的公平。

5. 适时放手——别恋恋不舍

父母都渴望让老幺生活在自己护佑之下的时间长一些。他们通常迫不及待地希望老大长大成人，却往往一直把老幺当成长不大的婴儿，因为长大意味着迟早要离巢。当我的大儿子宣称不再需要我送他上学时，我感到很高兴，欣然接受了他长大成人。而当小女儿得意地宣布她是大孩子了、不能再让爸爸送到教室门口时，我感到很难过，因为这表明我的小女儿长大了，要离开我了。

第九章 哈里王子效应——既是次子女也是幺子女

如果说紧跟在家庭超级巨星的后面出生是最煎熬的，那么，想想那个名叫哈里的孩子吧，他比长兄威廉只小两岁多一点。他的家族姓氏是蒙巴顿–温莎（Mountbatten–Windsor），但他和哥哥的通常称谓是：英国王室成员剑桥公爵威廉王子和萨塞克斯公爵哈里王子。威廉王子曾经是英国王位的第二顺位继承人（目前已是第一顺位继承人），他将从父亲那里继承各种头衔和公爵领地。哈里王子曾经是王位第六顺位继承人，他的侄子和侄女排在他的前面。哈里和他的哥哥传承着同样的基因、经历了类似的养育过程、接受了同样的学校教育，但家庭环境的相似性仅此而已。长子威廉的人生道路在他出生前就已经绘制完成。他生来就要当国王，这是一份巨大的责任。威廉的成长、教育和职业道路都是为培养他最终承担这一职责而量身定制的。而哈里呢，虽然也是王室成员，但他天生就不像哥哥那样身负重任，享有的特权也比哥哥要少。哈里既是家里的老二也是老么，他的排行丝毫不令人艳羡——威廉是王位继承人，哈里则是"备胎"。

虽然英国王室成员的显赫地位无人能及，但有两个相同性别的孩子且彼此相差两三岁的家庭比比皆是。这些次子女体验不到中间子女的失宠之痛，也享受不到幺子女的轻松育儿方式。他们的父母仍在学习育儿的过程中。在老大不断引领父母进入全新领域的同时，老二就跟在后面不远处。虽然老二在发展自己的人格、特质以及最终的人生道路时会从哥哥/姐姐那里寻求借鉴，但老二将与老大截然不同。如果他们的性别与老大相同，那么老二必定会在人格和人生道路方面愈发偏离哥哥/姐姐，目的是彰显自身特征和获取父母最稀有的资源——注意力。

年龄最小却从来不是家里的小宝贝

拥有三个以上孩子的父母提起最小的孩子都会称之为"家里的小宝贝"，但在二孩家庭，父母很少这样称呼第二个也是最后一个孩子。针对第三个或者第四个孩子，"她是我的宝贝"似乎是挂在嘴边的话；但提起家里的老二，父母似乎有一肚子的气。"家里的小宝贝"的标签意味深长，表明父母对老幺的期望略低于对其他子女，想让老幺比其他子女更久地依赖他们。

身为老幺的次子女，没有两个及以上的哥哥姐姐不断强调他们比自己能干，因此得到父母的重视不那么难。哥哥/姐姐也许会在他们面前树立权威，但不会像在大家庭里面那样屡屡出现。大家庭中的幺子女经常被人拿来跟能力更强的哥哥姐姐对比，因而从小自信心不足；但既是老幺也是老二的孩子没有这样的体验，因此这个群体比大家庭中的幺子女显得更开朗自信。

标新立异的次子女

如果说萨洛韦出生顺序理论的第一条规则就是老大和老二在人格、兴趣和成就方面都有所不同，那么威廉王子和哈里王子就是这条规则的典型例子。兄弟俩的童年生活大同小异。他们的母亲戴安娜排行老四，她的育儿观念受到成长经历和排行特点的影响，她决心让儿子像普通人家的孩子一样认识世界。她带孩子去迪士尼乐园、吃麦当劳，在他们进入青春期时给他们买同龄人通常都会拥有的东西，比如电子游戏机。她还给孩子们灌输社会公正思想，带他们前往艾滋病诊所、流浪人员收容所和其他社会福利场所。1997年，她在两个儿子分别15岁和12岁时意外身亡，那时，正在上中学的兄弟俩相对而言并没有显现出个人特性。

中学教育结束后，两个王子不仅人生轨迹变得不同，而且显而易见，他们具有了迥异的人格。两个人都热衷于环境保护和社会公正，从他们通过各自基金会和王室赞助人身份致力于慈善事业就能看出这一点，但除此之外他们似乎再没有别的共同点。威廉王子是完美的王位继承人，从二三十岁起就忠实地履行王室职责，极少引起争议。2011年，他与凯瑟琳·米德尔顿（Catherine Middleton）结婚。米德尔顿被公认为王室内部人士，是未来王后的理想人选。

哈里王子在一二十岁的时候就形成了与哥哥截然不同的名声。哈里被英国小报称为"野小子"，从很小的时候就表现出反叛特质。16岁时，他承认吸食大麻和作为未成年人饮酒；20岁时，有照片显示他在一次聚会上身着德国军装，戴着万字符臂章，引起一片哗然；2012年，有照片显示他在拉斯韦加斯的一次聚会上和一名裸体女子在一起。这些出格举动可以算是纨绔子弟花天酒地的生活而已，可他毕竟仍肩负着王室责任。然而，哈里2018年与美国女演员梅根·马克尔（Meghan Markle）的婚姻表明，他的性格就是特立独行。梅根不仅是王室局外人，甚至都不是英国人。此外，她是一个经济独立的女人，拥有自己的事业。2020年，哈里王子放弃王室职务，与梅根以及年幼的孩子一起搬到加利福尼亚州，令英国建制派大为恼火。这个年轻人想要过一种截然不同的生活，下定决心要开辟自己的人生道路。

哈里代表了许多既是老二又是老幺的孩子，这些孩子一心要走上与哥哥/姐姐截然不同的道路。他们既有中间子女特点，又有幺子女特点，在职业和生活选择上愿意比哥哥/姐姐承担更多风险。和许多中间子女一样，这些次子女更有可能具备创新、社交和叛逆天性。但他们是另类革命者。正如萨洛韦所言，当中间子女叛逆时，"他们这样做主要是出于失望、沮丧或对他人的同情，而不是出于仇恨或意识形态狂热。中间子女是最'浪漫'的革命者"。和许多幺子女一样，这些次子女往往性格外向、富有魅力和敢于冒险。他们具有中间子女兼幺子女的特质——两种出生顺序人格的特点相结合，具有改变世界的强大力量。

同性别老二兼老幺的真实面目

老大占据了父母的全部注意力，他们通过坚定捍卫家庭价值观和现状来确保这一点。与老大性别相同的老二会借鉴哥哥/姐姐的态度、兴趣和行为。与之背道而驰是获得父母关注的关键，因此这些老二会选择与哥哥/姐姐不同的道路，并花时间慢慢形成个人风格。尽管有哥哥/姐姐牵扯父母的精力，但次子女仍能得到大量关注和养育资源。父母不像有三个以上孩子的那么忙，也不会给老二太多的压力。身为老幺的次子女没有失宠之虞，一般会受益于有一个哥哥/姐姐为其领路以及父母的教导和培养。

在人生的头几年，老大会有一个乐于当跟屁虫的玩伴。老大占有得天独厚的优势地位，他们可以发起游戏，决定游戏内容。一旦玩够了，他们可以轻而易举地把弟弟/妹妹打发走，以便独自清静一会儿。到了入学年龄，老大的交友范围扩大，他们不再需要弟弟/妹妹来打发时光。老二摆脱了哥哥/姐姐的严格控制，他们将逐渐追寻与哥哥/姐姐有所不同的身份特性。为了争取父母的关注，老二必须在家庭中确立自己的专属位置。

他们不必过于费力，因为没有弟弟/妹妹与之竞争。他们只需要跟哥哥/姐姐偏离那么几度，就能在家里找到自己的位置。如果老大学习成绩优异，老二可能就会说："好啊，咱们来选学科。你已经把人文学科占了，那我就专攻自然学科。"如果老大爱运动，老二可能就会说："你选好位置或项目，我肯定选的跟你不一样。"如果老大喜欢表演，老二可能就会说："好啊，你选择音乐，我就选戏剧。"年少时的小小差异会导致他们成年后在生活方式和职业选择上的巨大差异。

同性别老二兼老幺的特点

身为老幺的老二是一个奇妙的群体。一方面，阿德勒认为，次子女和中间子女在家庭中处于最有利的地位，他们通常情绪稳定，更容易获得成功。他认为，老大更有可能神经质，因为在弟弟/妹妹出现之前，父母的期望和关注全部集中在他们身上。而有了弟弟/妹妹以后，他们大部分时间都在努力彰显其在所有孩子中的权威地位。另一方面，阿德勒认为，幺子女受到哥哥姐姐和父母的娇惯，这让他们产生了受宠预期。阿德勒的许多研究是基于他的临床经验，不是以严谨的学术态度开展的研究，但他的出生顺序理论仍然具有参考价值。

同性别老二兼老幺往往：

· 感情丰富

· 性格外向

- 同情心强
- 敢于冒险
- 叛逆心强
- 勇于创新
- 灵活变通

父母通常知道老二将是最小的孩子

同性别老二兼老幺享有一个独特的优势，是其他次子女和中间子女都没有的。父母很可能知道这个老二是他们生的最后一个孩子，所以他们会更多地关注这个孩子。父母通常都希望幺子女慢一点长大，这是同性别老二兼老幺也会有的体验，但他们不像某些幺子女那样受到百般溺爱。父母尚未精疲力竭，不必像对待大家庭中的老幺那样假装对孩子成长中的每一次进步感兴趣。

这是令人艳羡的排行吗?

如果阿德勒还活着，我估计他会认为次子女兼幺子女是家庭星座中最有利的位置。这个排行的孩子需要适应哥哥/姐姐确立的生活方式，因此他们更有可能发展出生存所需的适应能力，并形成相应的行为模式。适应能力对于心理耐力、个体复原力和幸福感至关重要，而这些对于长远的成功又是不可或缺的。跟中间子女一样，次子女兼幺子女往往会到家庭之外寻找归属感。不过，他们往往比许多中间子女与家庭有着更紧密的联系，而且杰弗里·克卢格发现，这个群体以及幺子女可能会成为家庭历史学家，能在成年后向兄弟姐妹讲述家族故事。

凯瑟琳·萨蒙在她的《中间子女的秘密力量》一书中披露，在一项人格测试中，长子女的责任心和主宰能力得分较高，而弟弟妹妹的社交能力、开放性和随和性得分较高。看来，与处在家庭星座其他位置的孩子相比，这些次子女更好地兼顾了交际能力和责任心——两者都是非常理想的个人特质。很重要的一点是，与长子女相比，次子女兼幺子女较少表现出神经质，不会想着支配或掌控他人；而与很多大家庭里的幺子女相比，他们在本质上更为可信可靠。我认为，这个群体的许多父母很享受育儿过程，因为这个群体与长子女相比，较少情绪失控，不执着于追求完美，在生活没有按预定计划发展时更乐于随机应变。他们或许还很欣赏这个孩子比老大更能共情、更外向、更乐于承担风险和接纳失败。这个孩子不是老大，也没有被贴上"家里的小宝贝"标签，他兼具两者的特征：既表现出老大那样的认真、可靠和上进心，又具备幺子女们共有的社交能力、共情能力以及随遇而安的世界观。家庭规模缩小，次子女兼幺子女越来越多，他们的这种特征也体现得愈发明显。

三种类型的次子女兼幺子女

次子女兼幺子女大致可分为三种类型：

1. 反叛者
2. 变革派
3. 探险家

反叛者

"反叛"在西方社会不是什么好词。喜欢老电影的人大概记得，《无因的反叛》（*Rebel Without a Cause*）中，詹姆斯·迪恩（James Dean）饰演的角色身穿T恤、趾高气扬，那就是典型的反派英雄形象。多年来，从史蒂夫·麦奎因（Steve McQueen）、简·方达（Jane Fonda）、华金·菲尼克斯（Joaquin Phoenix）到约翰尼·德普（Johnny Depp），流行文化中的很多人演绎过这类人物，为所欲为、毫无顾忌是典型的反叛特征。次子女兼幺子女通常不符合这种模式。在《飞车党》（*The Wild One*）一片中，有人问约翰尼·斯特拉布勒（Johnny Strabler）他要反抗的是什么，斯特拉布勒回答说："这重要吗？"与银幕上的这个反叛者不同，次子女兼幺子女会默默地反对正统观点来找到自己的人生道路。哈里王子选择放弃王室职务和责任以及由此带来的福利，成为反叛者次子女的代表人物。虽然很少有人会像哈里那样被迫公开呈现自己的人生道路，但大多数次子女都会选择标新立异。次子女兼幺子女会以各种各样的方式反叛，包括选择与家庭准则不符的职业，找一个来自不同文化背景或经济阶层的人做伴侣，或者移居到其他国家或地区。次子女兼幺子女的父母会感到欣慰的是，他们的家庭星座图有助于孩子取得人生和人际关系的成功。不过他们要有心理准备的是，这个孩子对成功的看法恐怕会与他们截然不同。

变革派

次子女一般具有强烈的社会公正意识，往往会支持以公平公正为主题的事业。次子女兼幺子女似乎特别不情愿向权威屈服。如果不给充分理由就让他们向右转，那他们十有八九会向左转并一直往前走。这个群体不喜欢遵循正统观念。和许多幺子女一样，这些次子女通常都站在弱者一边，并且认为可以通过恰当的方法纠正身边的不合理现象。这个群体大概比其他任何排行的孩子都更有能力激发社会变革，因为他们拥有创造变革所必需的干劲、良知和社交技能。

探险家

次子女往往是家里第一个离巢的孩子。这个群体倾向于在家庭之外寻找归属感，并为此做好了心理和实际准备，一旦社会条件和经济条件允许，他们就会自谋生路。这个群体并不是不珍视家庭，只是他们在整个青少年时期学会了与知己和朋友建立牢固的关系，因此，比兄弟姐妹更早地离开家相对而言不是一件难事。

34岁的约翰是许多次子女兼幺子女探险家的典型代表。他19岁时就离家住进一幢合租的房子。读完高中以后，他被自己喜爱的大学录取，但他最终没去报到。约翰断断续续做了三年的酒店接待工作，然后买了张单程票前往北美。四年后，他回到澳大利亚，学会了木工，然后携伴侣和孩子前往欧洲，目前就在欧洲定居。约翰的人生是一个成功的故事，但与他哥哥汉斯的经历相比也是一个彻头彻尾的冒险故事。比约翰大两岁的汉斯在老家附近的一所大学获得了工程学学位。他和父母一起生活到28岁，那一年，他把女友带回家，这个女友后来成为他的妻子。汉斯在紧挨着父母家的地方组建了自己的小家，一直从事工程工作。兄弟俩都获得了幸福和成功，但所走的道路截然不同。

养育和应对次子女兼幺子女的五个策略

小时候，次子女兼幺子女往往幻想自己处于别的排行。比如，他们希望自己是老大，有一个不同性别的弟弟或妹妹。这个群体的孩子具备在未来大有作为的素质，但他们可能需要稍微多花点时间才能认清自己。

养育或教导次子女兼幺子女的关键：帮助他们找到自己的专属位置。

1.让他们明白自己无须证明什么

有同性别哥哥/姐姐的次子女常常觉得必须努力证明自己。如果他们不能像哥哥/姐姐一样快速取得成功，他们就会格外自责。解决这个问题的办法是帮助他们发现自己的独特优势、培养他们自己的独特兴趣。这样一来，他们就无须跟一个更有成就的哥哥/姐姐竞争。这可能需要一些时间，直到孩子进入青春期才能完全见效，但追寻独特自己的过程会有助于这个群体找到他们的专属位置。

2.鼓励他们做志愿者工作——培养其社会正义感

这些有正义感的反叛者通常乐于助人。无论是在社区提供志愿者服务，还是向需要帮助的邻居施以援手，都有助于这个群体找到人生意义，并锻炼其独立性和解决问题的能力。不妨花点时间和他们一起寻找合适的志愿者工作和促进社会公正的办法，并随时准备为他们的活动提供便利。

3.按捺住不肯撒手的冲动

尽管父母都盼望孩子成大，但我们总是拖长孩子每个发展阶段的时间。孩子已经做好准备进入一个新的阶段，父母却迟迟不愿走出上一个阶段。当老二也是老幺时，我们就会觉得陪伴其幼儿期、童年、上学及以后生活的时间很短，于是往往会愈发不肯撒手。不管多么难以做到，为老二的长远利益着想，父母应适时放手，任由他们展翅翱翔。

4.给他们留点新东西

令这个群体最为不满的事情之一是，他们似乎从未得到过新东西。衣服、玩具、游戏机甚至自行车通常都是哥哥/姐姐淘汰下来的。虽然在养儿育女时需要践行节俭和不浪费原则，但不妨考虑预留几样新东西，以免听到老二控诉："这不公平。我总是捡剩！"

5.与这个孩子建立某种共同点

即便是在小家庭中，次子女也跟中间子女一样容易被忽略。在有弟弟/妹妹出生致使其丧失"独生子女"地位之前，老大已经在家里确立了自己的位置。老大来到这个世界以后，亲友同事会问："克洛还好吗？"老大有自己的身份——"克洛"。随着老二的到来，人们通常会问："孩子们还好吗？"老二没有自己独有的身份。为了不让次子女兼幺子女感到失落，办法之一是与他们培养共同的兴趣爱好。无论是运动、音乐、烹饪还是翻修老汽车，与父母拥有某种共同点会帮助这个孩子建立和保持自己的个性。

第十章 性别因素——不同性别组合对出生顺序人格的影响

性别对一个孩子的人格发展有影响，这既有社会学原因也有生物学原因。女孩和男孩有许多共同的生物学特性，但这两个性别之间也存在许多根本性的生物学差异。这些生物学差异对孩子的出生顺序人格有影响，但对男女差异影响最大的是社会化因素。20世纪七八十年代我当教师那会儿，老师似乎都没有意识到男生和女生在学习、行为和发育方面的差异，家长在一定程度上也没认识到这一点——在社会化的过程中，男女承载的期望和责任有着根本性的不同。性别差异在我们的心中根深蒂固，尽管我们尽力把每个孩子当成一张白纸，但在面对男孩和女孩时，我们很难不做出有区别的反应，有时是在无意识的层面。研究人员甚至指出，成年人与婴儿的交谈也会因孩子的性别而异。

对出生顺序人格影响最大的生物学因素大概是男孩和女孩

之间的发育差异。女孩比男孩成熟得要早，这使她们在家庭丛林的竞争中占据明显优势。如果老大是男孩，老二是相隔18个月出生的女孩，那么，老大或许会发现，没过多久，妹妹在语言发展、写作和阅读这些非常受重视的领域就赶上了他的水平。由于老大事事要争第一，尤其在父母看重的领域要胜过弟弟妹妹，如果弟弟妹妹也一样出色，他们往往就会放弃这些领域，或者寻找其他方法来胜出一筹。毕竟，荣耀是不能分享的。如果老大和老二是兄弟俩，那显然就不会出现成熟年龄差的问题。只要大哥不是身材矮小或者性情懦弱，他一般就能稳坐"头把交椅"，而这正是他想要的位置。因此，要了解出生顺序理论，就必须讨论一个孩子及其兄弟姐妹的性别情况。

在本章中，我将提出若干种可能的性别组合情境，并探讨它们对一个孩子出生顺序人格的影响。各个家庭的情况不同，人与人也有着根本性的千差万别，因此，对于不同家庭情形下的孩子不可能做出绝对准确的描述。但是，可以勾勒出孩子的一些出生顺序人格的特征。我发现，如果一个人不符合其排行特征，背后一定有其原因。例如，在一次讲座结束后，有个人过来对我说，虽然他是家里的老大，但他小时候其实非常叛逆，并不符合我所描述的长子女的性格特征。他告诉我，他的弟弟更像老大。这名男子是四个孩子中的老大，而具有长子女特征的是家里的老三。这很奇怪，因为我本来认为老二会比较有责任感。我稍加追问后得知，他的父母都极为挑剔，尤其是父亲冷漠而严苛。他永远无法取悦父亲。由于在家里的处境实在太难，排行老二的男孩在4岁时就搬出去由亲戚抚养长大，于是第三个孩子排到了第二位。父亲对三儿子宠爱有加，视之如长子，于是他被赋予了重大责任。在父亲看来，他的长子太蠢、难当大任。老大渐渐开始怨恨父亲，也怨恨弟弟，这个弟弟渐渐取得老大地位，甚至负责照顾酗酒的母亲。一旦稍加调查并把所有变量考虑在内，出生顺序理论通常就能说得通了。

老大是男孩——下面有弟弟

这种男孩通常是老板。从古至今，在各种文化中，一个家庭里的长子总是享有特殊待遇。过去，这个孩子不仅要负责传宗接代，而且很可能会负责经营家庭农场或接管家族生意。这个男孩很特别。他会得到照顾并接受训练，以便将来成为当家人和守护者。虽然长子继承全部家产的观念大多已成历史，但长子始终被寄予厚望。

长子通常迅速长大，有保护弟弟妹妹的意识，而且行为举止很讨成年人喜欢。他们通常与母亲感情深厚，在第一个弟弟出生时会心生失落。如果父亲参与养育子女，老大十有八九会与父亲产生强烈的共鸣。他会帮忙维持家庭秩序，自视为弟弟们的"第二个父亲"。到了青少年时期，这种关系可能会变得有点不稳定，因为长子可能会与父亲争夺最高地位。就像两只公羊针锋相对，生活可能会在一段时间内充满意志力的较量。一旦长子在父亲看重的某件事情上击败父亲，那他就赢了。

长子往往会担任领导职务，无论做什么都能取得成功。他们矢志不渝，而且喜欢组织他人一起行动，因而一旦投入精力往往就能达到目的。两个男孩中的老大会对弟弟极为苛刻，总是乐此不疲地挑弟弟的毛病，并且让弟弟老老实实守规矩。兄弟俩之间的这种对抗会让父母，尤其是单亲家长头疼，他们可能会发现，家庭生活就是一场冗长的争论，其间偶尔也会有兄弟俩亲密无间的特殊和谐时刻，但这种时刻实在太少了。

老大是男孩——下面有妹妹

如果下面只有一个妹妹，身为老大的男孩可能会产生烦恼，这取决于他与妹妹的年龄差以及妹妹的性情和能力。如果妹妹跟他年龄相差不大，那可能就会跟他一样能干，从而对他的主宰地位构成威胁。如果是这种情况，长子可能就会表现出大男子主义倾向，贬低或戏弄他的妹妹。一方面，和大多数男孩一样，他可能会分不清勇武和好斗，把大部分时间和精力都花在刁难妹妹上面；另一方面，他可能会保护妹妹，如果妹妹在学校或其他地方受到欺负，他会毫不犹豫地站出来。有机会保护妹妹甚至教给妹妹一些技能只会强化他的优势地位。

如果家里有两个以上女孩，那么，身为老大的男孩往往就比较随和、放松、好脾气。在女性堆里生活，他的竞争性和男子气概通常会有所减弱，长大以后对自己、对周围人都会比较和蔼。他可能不像其他长子女那样雄心勃勃，成年后能够更好地兼顾工作与家庭。在他以后的生活中，女性对他会很重要。他很可能会在跟女性打交道方面游刃有余，因为他从小就学会了如何跟她们交往。他会善待自己的伴侣，在职场和其他社交场合也能跟女性交往自如。

老大是男孩——下面有弟弟妹妹

这种男孩喜欢扮演家长角色。作为第一个出生的孩子，他在紧随其后出生的弟弟/妹妹面前是老大，又有可能需要照顾更小一些的弟弟/妹妹，因此他可能会像一个出色的家长，在职场上也许会成为优秀的导师。这些男孩往往不像其他长子女那么挑剔，也不那么痴迷于成为完美主义者，因为他们小时候通常要花一些时间照顾弟弟妹妹，于是就不那么专注于自己。

独生子

独生子的幼年生活会十分美好，因为他们是父母的焦点，不必与任何人分享，而且永远不会有弟弟妹妹取代他们，因而不会有失宠之痛。也正因为如此，他们对生活的期望值会很高，一旦事情没有按照他们的预期发展，他们就会感到不安。即使在成年以后，这些男孩也不善于分享，他们往往把一切都留给自己，包括内心的想法和感受。他们喜欢受到关注，喜欢自己的成就得到认可。无论是在小时候还是成年以后，独生子都喜欢成为众人的焦点。表彰他们工作出色、给他们颁发卓越奖，哪怕只是表扬他们准时参会，往往都能激励他们。独生子的生活态度严肃认真，他们可能需要在别人的帮助下放松心情。

父母溺爱儿子是司空见惯的现象，因此他们最好各自在家庭之外有各种兴趣，以免把全部注意力放在儿子身上。独生子长大后往往比较孤僻，他们通常不像其他孩子那样热衷于结识朋友。通常情况下，他们宁可安安静静地享受二人晚餐也不愿参加大型聚会。不过，如果要给他们颁奖，他们会立刻抵达现场。

老大是女孩——下面有妹妹

对于长女，最常见的描述是"妈妈的小帮手，妹妹的女巫婆"。如果紧随其后出生的也是女孩，长女和这个妹妹之间的竞争会非常激烈，远远超出老二是男孩情况下的竞争，因为对长子女来说，同性别弟弟/妹妹构成的威胁更大。长女往往承担起母亲的角色，喜欢教导和帮助妹妹们。这些女孩可能会成为"模范"儿童，得到家长、老师和其他成年人的高度认可。她们习惯于照顾妹妹们，往往在妹妹们成年以后仍把她们当小孩子对待。我在第五章里描述过管家型长子女，其中许多都是至少有一个妹妹的长女。

虽然长女在小时候往往能帮忙，却也会抵触别人的建议。

她们奉行的原则就是"要么照我的方法做，要么免谈"。生活往往会给她们教训。作为完美主义者，她们对自己比父母或妹妹对她们还要苛刻。这些长女在成年以后最有可能成为"女超人"。她们常常试图搞定一切——事业有成、儿女双全，同时仍然不断有丰富的社交活动。这个群体的特点是勤奋和自我牺牲。

老大是女孩——下面有弟弟

男性会在这些女孩的生活中具有重要意义。她的弟弟越多，成年后就越有可能选择男性做搭档或同事。成年后，她可能会更乐于跟男性而不是女性打交道，或者至少在男性主导的环境中感到更自在。

有证据显示，处于这个位置的许多女孩认为父母重男轻女，因此感到不满。许多人认为，她们虽然是老大，但不是家里第一个男孩，假如其后面出生的是女孩，那她们的地位就会高一些。和大多数长子女一样，这些女孩有强烈的责任感，但她们可能会比其他长子女要合群一些，而且不那么苛刻。

老大是女孩——下面有弟弟妹妹

与其他长子女相比，这些女孩对生活的看法更为客观。这些女孩既不像全是妹妹的家庭里的长女那么有紧迫感，也不像全是弟弟的家庭里的长女那么热衷于讨好男性。她们往往比较独立和自信，在既有男性也有女性的环境中悠然自得。母性对她们有着强大的吸引力，因为她们亲身体验到，在帮妈妈照顾弟弟妹妹过程中形成的亲密关系令人愉悦。

这些女孩长大以后往往能成功地兼顾家庭与事业，因为她们既不仅仅依赖家庭也不仅仅依赖事业来获得人生的意义。

独生女

如果说家里最小的女孩是"爸爸的小公主"，那么独生女无疑就是女王，尤其是在父母生育孩子较晚，已经积累了足够的财力并全身心地养育孩子的情况下。独生女通常十分自信，对自己有很大的把握。由于有充足的时间与成年人相处，她们的语言能力很强，往往发展出更高年龄阶段的兴趣爱好。尽管如此，如果不顺心，独生女也是会发脾气的。

父母往往对独生女比对独生子更有保护欲，所以独生女不像其他孩子那样遭受打骂和责难。独生女不喜欢冲突，作为家里唯一的孩子，她们的生活中鲜有冲突。因此，她们有必要到其他小朋友家里去串串门，这样不仅能学会保护自己，也能体会到自己不可能总是想要什么就有什么。

母亲在兄弟姐妹中的排行对独生女有强大的影响力。如果母亲是老幺，那么，独生女可能会发现母亲做事大大咧咧、不周到。身为独生女或者长女的母亲最能让她的独生女感到踏实自在。

老幺是男孩——上面有哥哥

身为老幺的男孩从小在哥哥们身边长大，他们往往觉得自己到哪儿都是最小的。如果上面已经有几个哥哥，作为老幺的男孩很难感觉到自己的价值。他很可能会追随大哥或者年龄与他最接近的那个哥哥，尤其是在两人之间没有什么冲突、比较和谐的情况下。

小儿子往往更大胆，也更有可能冒险。他不太在乎讨好成年人，所以也不被父母的期望束缚。父母忙于操心和照顾哥哥们，因此身为老幺的男孩常常有更多机会去冒险。

与大哥相比，这个群体更有可能活在当下，而不是提前做规划。这些男孩的显著特点是灵活性和自主性，他们会成为讨孩子喜欢的家长。刚开始成为父亲时，他们不太习惯做大人，因此对婴儿缺乏喜爱和耐心。随着孩子渐渐长大，身为老幺的父亲会把孩子当成玩伴，但他们不喜欢设立限制和管教孩子。他们很有可能把这些事情交给伴侣——如果他们遵循出生顺序理论做出明智选择，那么他们的伴侣很可能会是长女或者次女。

老幺是男孩——上面有姐姐

不妨问一个有姐姐的幺子：你想要几个妈妈？回答肯定是：越多越好。

这样的男孩不经意间处于所有人最珍视的位置。他是家里唯一的男孩（通常是受偏爱的性别），排行又是最轻松的位置，因此他不必太费力就能与众不同。他通常乐于让别人照顾自己，并且善于支使别人，特别是支使女性为他服务。小儿子在极少数情况下会因为其性别而被当作长子，但即便如此，他也会运用魅力而不是通过争执或武力来达到目的。

由于这个男孩从小由很多个"母亲"照顾，他在职场和家庭中很可能会依赖女性。他会观察父亲如何对待自己的姐姐，进而学习如何对待所有女性。如果他的父亲善待和尊重女性，那么他也会同样如此。小儿子有一个强大的盟友，那就是他的母亲。小儿子在学校犯错或者受到他人欺负时，母亲往往会为他找借口或者保护他。

如果老幺是男孩，父母要给予他们足够多的机会自己做决定，并且不许姐姐们代他解决所有问题。

老幺是男孩——上面有哥哥姐姐

处于这种位置的男孩有时会觉得自己无法与哥哥相比，而且可能会被姐姐宠坏或过度保护。他很有可能会跟哥哥姐姐都保持良好关系，并且善于让哥哥姐姐为自己服务。他最好找一个有责任感的长女做伴侣，他的好脾气与随和会讨得伴侣的欢心。

老幺是女孩——上面有姐姐

这种女孩的座右铭是："一日为小妹妹，永远是小妹妹。"她上面至少有一个责任心强的姐姐，因此十有八九会形成与其出生顺序人格相符的无忧无虑、洒脱不羁的人生观。在有三个女孩的家庭里，老幺和老大往往会结盟，她们彼此的关系好于同老二的关系。

这些女孩更有可能成为家庭的"害群之马"，或者选择一种新奇的、非常规的或创造性的职业，尤其是在老大成绩优秀并且选择了比较保守的职业的情况下。这种女孩通常喜欢热闹，经常会加入各种组织和圈子。

身为老幺的女孩想要得到认可，所以她们需要足够的赞美和鼓励来完成任务。作为姐妹当中的老幺，她们往往很难脱颖而出或与众不同，于是就摆出叛逆姿态或单纯地撒娇扮可爱来获得关注。这些女孩往往早熟，心理上比姐姐们更早地进入青春期。

跟许多幺子女一样，这些女孩的人格有两面性。她们会争取更大的独立性以便享有与姐姐们类似的权利，也会识时务地乐于被人当宝贝宠溺。

老幺是女孩——上面有哥哥

这对女孩来说是很有利的位置。对于有幸出生在这个位置上的女孩，人们最常用的描述是"可爱""讨人喜欢"。与哥哥们相比，她没有那么大的成功压力。她的年龄最小，又是唯一的女儿，因而至少有两名男性供她支使。到十几岁的时候，她很可能会跟父亲建立起紧密的关系。

幺女往往会成为假小子，因为她们小时候会跟哥哥们一起追逐打闹。这些早期经历通常有助于她们在职场和家庭中处理与男性的关系。幺女通常有很多男性朋友，与自己儿子的关系也很好。

老幺是女孩——上面有哥哥姐姐

一如年龄最小且有哥哥姐姐的男孩，处于这个位置的女孩会形成比一般幺子女更平衡和灵活的人格。这些女孩往往比只有姐姐的女孩更有抱负，而且与只有哥哥的女孩相比，她们具有更多传统意义上的女性化特征。

与所有幺子女一样，这些女孩处于受人艳羡的位置，因为她们的成功压力较小，永远不会被人取代，而且与父母独处的时间往往比哥哥姐姐要多。

中间子女

同性别手足中的中间子女大概是家庭格局中位置最为不利的。中间子女被夹在两个孩子之间，所以往往受到冷落。他们常常感到生活不公，似乎从来得不到与老大和老幺同等的关注。幸好，与兄弟姐妹相比，他们往往更灵活变通、适应能力更强，而且情绪没那么紧张。他们比哥哥姐姐有更多的朋友，也不像幺子女那样被贴上"小宝贝"标签。

中间子女最有可能打破家族常规。如果全家人都是学霸，那么中间子女最有可能不好好学习甚至辍学。如果全家人都是运动健将，那么中间子女很可能会想，"运动不适合我，其他人愿意出汗就出汗吧，我要去海滩"。中间子女有可能是老二、老三或老四，但西方国家的家庭很少有四个以上的孩子，所以他们往往是三个孩子中的老二。

中间子女经常抱怨自己在家里没有存在感。确实如此，因为父母在向人介绍自己的孩子时往往会说："这是老大菲利普，这是老幺利娅。还有这个，杰西卡。"中间子女不是老大，也不是老幺，他们终究是与众不同的。他们从未像老大或老幺那样独占过父母。父母们必须想办法找时间与自己的中间子女独处，以便建立牢固的亲子关系。

当几个孩子性别相同时，中间子女被夹在兄弟/姐妹之间的感觉似乎最为强烈。如果一个孩子与家里其他孩子的性别不同，那就默认占据特殊的地位。父母会不约而同地对这个孩子另眼相待。与兄弟姐妹性别不同的中间子女通常具有长子女的常见特征，尤其是追求完美和想要取悦他人。某个性别的第一个孩子有时候可能会承担与长子女相同的压力，却很少在家中享有老大的好处和特权，不过有时候也会得到非同寻常的照顾。他们也许会因为性别原因而成为关注焦点，受到老幺的仰视和老大的照顾。

手足性别相同的中间子女一般具有两个出生顺序位置的特征——老大或老二。如果中间子女和弟弟／妹妹之间的年龄相差不大，那么他们的行为举止可能就会像大哥／大姐，在游戏和活动中更主动，并且经常充当"保姆"。如果中间子女在年龄上与哥哥／姐姐离得更近，那他们的出生顺序特征就更有可能受到哥哥／姐姐的影响。比如，如果老大是责任心强、严肃认真的性格，那么中间子女就有可能成为"问题孩子"，行为上表现出破坏性或反社会倾向。如果中间子女与兄弟姐妹的年龄差距相似，其人格就会既有长子女特征也有幺子女特征，这种孩子的性格最为复杂。

如果家里的孩子比较多，中间子女的处境就会好一些。这种情况下，中间子女的概念变得模糊，因为大多数孩子都被夹在兄弟姐妹之间。而且，中间子女将有更多机会发挥长子女作用，因为他们可以训斥、教育、指导和照顾弟弟妹妹。大多数出生顺序理论专家认为，虽然中间子女在小时候会抱怨生活不公，但他们在成年以后通常心态最平和、最快乐，因为他们学会了灵活变通，学会了不抱过高的期望。

3

第三部分

出生顺序产生
影响的奥秘

导　语

　　我很喜欢戴尔·卡耐基的《人性的弱点》一书，它被公认为第一本关于人际关系的实用手册。该书1936年在美国出版，并立即成为畅销书。卡耐基提出了一个振聋发聩的观点，他宣称，在商场和职场取得成功既有赖于商业头脑和专业知识，也有赖于一个人与他人合作和交往的能力。他认为，要想在经商和社交中取得成功，就必须能够体谅他人、与他人和睦相处，并使他人接受你的思维方式。这一理念现如今已得到广泛认同，但在当年颇为新鲜。他提出的一个重要概念是：要影响或说服另一个人，你首先需要了解这个人并从他的视角看世界。到了21世纪，有很多书都在介绍如何与人合作和共处，关于卡耐基"人际关系"主题的书汗牛充栋。人们似乎至今仍在苦苦思索如何与人合作、共处和交往，无论是在家里、职场还是社会中。

与他人有效合作的一个关键是要明白并正确看待人与人之间的差异。我们大多数人本能地喜欢与我们志趣相投、持有相同观点、有相似交流方式、穿着风格一致的同事。喜欢跟与自己相像的人在一起大概是人类的软肋。它阻碍了我们充分发挥自我潜力，使我们不愿置身于新的环境。它还容易让人滋生偏执。无论是在国际范围内还是在家庭内部，大多数冲突起因于彼此缺乏理解。透过另一个人的眼睛看世界，这或许是人的终极技能。

出生顺序理论实质上就是了解人类行为以及人与人之间的差异。更重要的是，了解出生顺序原理能让人更好地了解自己，这是理解他人的第一步。了解了自己和自己的行为动机，你就更能理解他人，然后将其用于职场等社交场所中，如果要养育孩子，还可以用于学校或托儿所。优秀的推销员都深知，只有了解了对方的需求，才能把产品或服务推销出去。不设身处地地思考，就不可能真正明白他人的需求。出生顺序知识能够给你提供一种设身处地替他人着想而不冒犯他人的办法。

第一次与人见面时，我们的最初反应在很大程度上取决于我们在一瞬间获得的大量信息。我们对性别、年龄、着装风格和个人气质的第一印象非常重要。不过，有社交头脑的人会根据对方身份来调整自己的应对之道。有经验的人深知，对他人的信息掌握得越多越好，因为这将有助于提高沟通的效率。越了解对方，就越能摆脱初步印象的干扰。探明一个人的出生顺序（或者说出生顺序人格）是了解这个人的重要环节，然而大多数人从未考虑过这一点。知道了一个人在其家庭中所处的位置，你就能按图索骥地了解他的个性，进而了解他的内心活动或世界观。不管是从事销售工作、管理岗位还是与孩子相处，出生顺序知识都能为你提供重要信息，帮助你在与他人交往时更加游刃有余。

在这部分内容中，你将发现一个人的出生顺序如何影响其人生的各个领域，包括教育、择业、职场表现以及婚恋与育儿。家庭是出生顺序理论的核心，你还会了解到孩子对家庭专属地位的追求如何影响他们多年后对世界的看法。尽管这本书是写给天下父母的，但书里有一个章节专门面向教育工作者，其中的理念将帮助他们利用出生顺序知识开展学生工作。

第十一章　找准自己的位置，形成自己的生活方式信念

父母最困惑的一点是，为什么兄弟姐妹间的差别那么大。他们的几个孩子有着相同的基因，接受相似的养育，上同一所学校，甚至性别相同，彼此却截然不同。事实上，大多数兄弟姐妹的共同点多于不同点，只不过他们的差异比较明显：也许是一个安静、内向、好学，另一个却喧闹、莽撞、好动；也许是一个俏皮、贪玩、随和，另一个却严肃认真、责任心强、容易焦虑。孩子间的差异有的明显，有的微妙，但必然存在。

正如弗兰克·萨洛韦在《天生反叛》一书中所说，兄弟姐妹间的差异其实是一种生存技巧。查尔斯·达尔文的进化论正是基于趋异原理。在资源稀缺、竞争激烈的情况下，能够随机应变找到自身优势的物种就能存活。在非洲的广袤荒野上，我目睹了各种动物如何找到各自的专属位置，从而成功地捕获猎物和逃避天敌，或者至少活得更久一点。动物们各有各的捕猎方式

和生存机制。狮子们在捕猎时组织严密，进食时轮流守望。猎豹善于独自捕猎，依靠惊人的速度抓捕猎物。它们在白天捕猎，以避免与狮子、豹子和鬣狗等其他强大的食肉动物竞争。豹子的奔跑速度很快，但它们在捕猎时依靠的是隐形和伪装，并不单纯依靠速度。它们把猎物拖到树上安全的地方享用。这些大猫都是猫科动物，在生理上和行为上有很多相似之处，但在最重要的生存方面——在竞争环境中狩猎的能力——它们各显神通。

在一个家庭里，父母的关注是稀缺资源，对这一稀缺资源的抢夺十分激烈，兄弟姐妹们会多样化发展、找到各自的专属位置，以免耗时耗力且徒劳无功的竞争。一如有着相同生态需求的两个物种不可能在同一栖息地共存，占据同样位置的一对手足不可能长期相安无事。即便是基因最为接近的双胞胎，最终也会趋异，父母很快就能分清这两个孩子，会用种种标签来区分，比如"安静、温和的那个""爱笑的那个""两个人当中比较躁动的那个"等等。

家庭中每新添一个孩子，可供兄弟姐妹选取占领的专属位置就减少一个。理论上老大可以随意挑选，但大多数长子女申辩说，他们在这件事情上并没有太多选择。由于父母对其施加压力并寄予厚望，大多数长子女注定要成为有责任感的孩子、出人头地的成功人士、小帮手、好姑娘、父母的翻版。他们还可以最先挑选自己擅长的兴趣爱好。你想必听说过有的长子女被称为运动天才、学霸、音乐神童吧？他们最先有机会扮演这些家庭角色，弟弟妹妹们则只能另觅出路。乐于尝试新体验是许多弟弟妹妹的人格特征，因为他们向来不得不设法去寻找无人占据的位置。

人人都有生活方式信念（lifestyle beliefs）

个体心理学和出生顺序理论之父阿德勒认为，对于自己以及自己与世界的关系，我们都有各自与众不同的看法，这成为我们的人生指南。小孩子的行为依据是试错，并且根据试错的结果来评估每一次与人的交往。阿德勒说，到了五六岁，孩子就已经形成了看待世界的方式，并借此实现某些目标。老大在小时候独占父母的关注，理所当然地认为自己在每一段关系中都应当是关注焦点。长子女在将来一切人际交往中都会从这个角度出发。他们的想法未必是对的，但他们主观上确实是这样想的。

健康的生活方式信念

健康的生活方式信念不附带任何条件。如果一个孩子认为自己无条件地属于家庭而无须证明自己比兄弟姐妹更强壮、更幽默或更聪明，那他就拥有积极的生活方式信念。一般来说，拥有健康生活方式信念的人会通过为群体做出贡献来获得踏实感，所以做贡献成为他们的指导原则。

常见的生活方式信念

"在什么样的时刻才会感到踏实？"对这个问题的回答反映出各种各样的生活方式信念。

以下是一些常见的回答：

- 只有在表现得最棒时，我才感到踏实。
- 只有在掌控局面时，我才感到踏实。
- 只有在取悦他人时，我才感到踏实。
- 只有在被他人照顾时，我才感到踏实。
- 只有在得到他人赞同时，我才感到踏实。
- 只有在手握大权时，我才感到踏实。
- 只有在讨人喜欢时，我才感到踏实。
- 只有在把别人置于首位时，我才感到踏实。
- 只有在受到众人瞩目时，我才感到踏实。
- 只有在取得成就时，我才感到踏实。
- 只有在帮助他人时，我才感到踏实。

生活方式信念有别于找到自己的专属位置，后者以兴趣或者实力为基础，前者则基于一个人如何看待自己。生活方式信念具有指导性，它包罗万象，影响着我们的行为以及在就业、交友和择偶等方方面面的抉择。

猜猜处于各个出生顺序位置的人最有可能倾向于上述哪种

生活方式信念。

"我必须是最棒的"

许多长子女认定，只有成为最棒的，他们才感到踏实。所以，他们无论做什么都会竭尽所能，争取拔尖。这种生活方式信念值得商榷，因为这往往导致压制别人，而不是帮助别人取得成就或有所提升。无论是小孩还是大人，怀有这种生活方式信念的人在参加任何活动时都有一个前提：必须能够打败别人或者成为最棒的。他们唯恐自己不能技高一筹，如果不能成为最棒的，就干脆不去尝试。如果长子女有一个责任心强、勤奋好学的弟弟/妹妹，那他们多半会变得"最擅长当最差的"——学习成绩差、行为表现恶劣等等。他们会通过犯各种错引起父母的注意。这或许听起来有悖常理，但如果知道他们的生活方式信念是"要做最棒的才感到踏实"，那就完全讲得通了。

"我要手握大权"

实际上，长子女更有可能秉持另一种错误的生活方式信念："只有在手握大权时，我才感到踏实。"小时候，如果其他孩子不听从命令，他们就会专横跋扈、发脾气。在旁人看来，他们以自我为中心。这种孩子长大以后不当老板是不行的。无论是要完成工作中的一个长期项目，还是只是参加学校的公益活动，他们都会"要么听我的，要么免谈"。他们的参与也许始于幕后，但过不了多久就会开始发号施令、接管大权。这类人不善于追随他人，很难听命于任何人。

"我要掌控局面"

长子女的另一种生活方式信念是："只有在掌控局面时，我才感到踏实。"这些人是控制狂，不管在什么情况下都想要控制权。他们是很奇特的一类人，在生活中的某些领域甘冒巨大风险，却在另外一些领域坚决不冒一丁点的风险。如果确保一切可控，他们就会承担风险，不管是体力上的还是智力上的；如果有不确定因素，那就算了吧。我有个同事就是这类人，他有几近于病态的飞行恐惧，却能欣然使用降落伞跳下飞机。这听起来匪夷所思，但从他的角度来看合情合理。作为乘客，他无法控制飞机上的情况；但作为跳伞者，伞绳掌握在他自己手里。

焦虑与这些控制狂如影随形，因此他们要挖掘一切能帮助自己做决定的信息——问清楚放学后谁来接他们，打听某场足球赛的细枝末节。他们常常对鸡毛蒜皮的小事着迷，囤积大量信息来帮助自己了解周围世界。他们一般会根据事实或以往经验，经过深思熟虑后做出审慎的决定。作为领导者，控制狂很快就会精疲力竭。他们很难把工作委派给他人，因为没有人能像他们一样出色地完成任务。他们做不到自嘲，也不愿意道歉，因为控制狂是"从来不会出错的"。

"我要取悦他人"

长女和独生子女普遍怀有的一种生活方式信念是："只有在

讨人喜欢时，我才感到踏实。"取悦者想要讨得他人喜欢，想要保持生活四平八稳。这些人常常为了避免冲突而让步，不遗余力地让所有人都高高兴兴。他们通常认为，讨人喜欢是因为自己做的事情而不是因为自己的性格。他们往往是完美主义者，非常在乎自己在别人眼里的形象。想取悦他人、把他人置于首位并没有什么错，然而，如果这是你与人交往的唯一方式，那就不好了。

次子女以及部分长子女当中的一种错误的生活方式信念是："只有在取悦他人时，我才感到踏实。"怀有这种生活方式信念的孩子唯恐受到排挤和排斥，他们宁可随声附和也不愿提出不同想法。他们一般都有高超的社交技能，善于表情达意。他们小心翼翼，总是在关注别人的情绪，以免自己的言行举止失礼或冒犯他人。他们尽力避免对抗和冲突。给他人带来快乐是一件有意义的事情，但这并不是一种健康的生活方式，因为生活中总有一些时刻，我们需要勇敢地维护自己的权益。有自尊、有分寸的人知道什么时候要坚决捍卫个人权利，什么时候要大度地顾全大局和集体利益。

许多幺子女习惯于接受哥哥姐姐和父母的慷慨相助，因而形成一种错误的生活方式信念，"只有在被他人照顾时，我才感到踏实"。他们很会支使他人。这本身并没有什么问题，然而，如果孩子们总是如此行事，那么他们就很难形成责任心和进取心。

"我必须是关注焦点"

许多幺子女从小就知道，只有站到聚光灯下，自己才会产生影响力。凯文·莱曼在《出生顺序新解》一书中解释说，作为家里最小的孩子，他无法与比他聪明、比他优秀的哥哥姐姐竞争，因此他很早就知道：在家里扮演小丑是一计高招。哥哥姐姐给予的笑声强化了他的生活方式信念——"成为关注焦点能让我感到踏实"，所以他的所作所为基本是为了实现这个目标。在学校，他是班上的小丑、搞笑大王和爱捣蛋的人。同学的笑声更加强化了他的错误逻辑，即"只有在受到众人瞩目时，我才感到踏实"。莱曼说，作为幺子女的自己，即使在成年以后，有了体面的工作（莱曼是心理学家、作家兼主持人），他仍然喜欢出风头，喜欢受到万众瞩目。不过，他现在找到了比小时候更合情合理、更容易为社会所接受的方式来得到关注。

诸如此类的生活方式信念各有各的问题，因为它们制约着人们在各种环境下的言行举止。怀有这些生活方式信念的人只有在自己最棒、最糟、最有权势、处于掌控地位或能够取悦他人的情况下才感到踏实。这让他们不懂变通。

自讨苦吃的生活方式信念

有些生活方式信念会让人自讨苦吃，导致人一生的困苦和伤痛。想必你认识的一些人就秉持着以下这些生活方式信念。

- 只有在遭受痛苦时，我才感到踏实。
- 只有在伤害他人时，我才感到踏实。
- 只有在受到冷待时，我才感到踏实。

一些次子女和在小时候承担了大量家庭责任的长子女普遍怀有的一种生活方式信念是，"只有在为他人牺牲的时候，我才感到踏实"。这是烈士的座右铭。这些人当中的女性多于男性，他们在年幼时学会了以牺牲自我为代价来取悦他人，结果就把奉献当成了人生意义所在。成年后，他们变成逆来顺受的可怜虫，任凭别人控制、主宰乃至压制。

受过虐待或辱骂的孩子往往会形成自讨苦吃的生活方式信念。这就是为什么对儿童身体上和心理上的虐待都具有极大的破坏性，也是为什么虐待往往会重复发生。成年后，他们可能会支持辱骂自己的人，或者替恶言恶语对待自己的伴侣找借口。受虐者有时会重复或者延续他们多年来所经历的虐待关系，因为虐待强化了他们自讨苦吃的生活方式信念。

一个人的生活方式信念是相对稳定的，因为他通常会根据以前的观点来定义新的生活事件。他通常会选择能强化现有目标和信念的朋友、体验和生活方式。取悦者多半会跟能够强化这个信念或至少不质疑这个信念的人交朋友，且更有可能找一个控制欲强的人做长期伴侣。有时，像丧偶或失业这种重大人生变故会让人坐下来反思自己的生活方式信念。

生活方式信念能改变吗？

适时调整生活方式信念很有必要，但许多人到了四五十岁思考人生成就与方向时才开始这样做。人们常说的中年危机其实就是一个人在质疑自己的基本人生信念或生活方式。"我取得了哪些成就？""我要走向何方？""我为什么会到了这个地步、成为现在这副样子？"这都是人们扪心自问的根本性人生疑问。许多人在这个阶段得以摆脱错误的生活方式信念。他们曾经秉持的信念是"只有在讨好他人或指挥他人时，我才感到踏实"，经过反思后转变为更加健康的生活方式信念，比如"我想干什么就可以干什么，别人也一样"。要想改变生活方式，就要先改变信念。

生活方式信念是如何形成的？

一个人的生活方式信念是在家庭星座中形成的。每个孩子在家庭里面所处的环境各不相同，他们会各有各的看法、各有各的结论。每个孩子的出生顺序和经历都是独一无二的，因此，并非位于某个排行就一定会发展出相应的人格和生活方式信念，还会受其他因素的影响。例如，虽然长子们所处的环境有很多共同点，但他们会经历不同的兄弟姐妹格局和养育方式。不过，了解出生顺序理论及其作用原理会帮助你理解孩子的生活方式信念。老大往往竭力维持自己对弟弟妹妹的主导地位，为此可能会表现得争强好胜或乐于帮忙。老幺常常要想办法找到自己的位置，于是会施展魅力或依赖他人。也有些幺子女为了超越哥哥姐姐而努力取得好成绩，尤其是在哥哥姐姐成绩平平的情况下。一般来说，中间子女的角色是充当家里的调解人或仲裁者。要评估一个孩子的生活方式信念，不仅要考虑其出生顺序位置，更重要的是考虑家庭环境以及其他兄弟姐妹的生活方式信念。

人们必然会经过反复试错形成自己的生活方式信念。不过，有些方法可以帮助我们少走弯路。形成健康生活方式信念的关键是摒弃"只有……才……"的想法，以更灵活、更平衡的心态去生活。

孩子是如何形成错误的或自讨苦吃的生活方式信念的?

养育方式和家庭氛围对孩子形成不健康的生活方式信念有一定影响。从事家庭教育模式研究的心理学家戴安娜·鲍姆林德（Diana Baumrind）在20世纪60年代提出了三种常见的育儿方式，至今仍被奉为圭臬。

第一种是专制式，它重规则、标准、严格，轻温情、协商、历练。它专制，作风僵化、死板，要求子女遵从父母强加的规则。专制式育儿与许多不健康的、自讨苦吃的生活方式信念有关，比如：

·只有在掌控局面时，我才感到踏实。
·只有在取悦他人时，我才感到踏实。

· 只有在表现得最棒时，我才感到踏实。

· 只有拿了第一名时，我才感到踏实。

第二种育儿方式被称为放纵式，它重温情、慈爱和赞美，轻规则、严格和协商。放纵式育儿会把孩子放在首位，它往往会培养出以自我为中心而缺乏责任感的孩子，因此受到诟病。这种育儿方式时兴时衰，有时被冠以别的名字，比如放养式育儿、朋友式育儿等。

鲍姆林德描述的最后一种育儿方式是权威式，它是前面两种育儿方式的结合。权威式父母恩威并施、善于协商，给予孩子与其年龄相符的选择权，重视教导和历练。这种风格在大多数西方国家被普遍认定为育儿实践的典范。它以孩子为中心，又兼顾让孩子学会与人交往以及为自己所属的群体做贡献。以这种方式养育的孩子更有可能基于自我接纳、对他人的欣赏和同理心形成健康的生活方式信念。

帮助孩子形成健康的生活方式信念

父母必须向孩子说明，无论他们性格如何，都永远无条件地是家里的一分子。假如我们评价孩子更高了、更开朗了、更优秀了、更聪明了、更可爱了等等，那就是把关注重点放在了这些品性上面。而一旦我们关注这些特征，孩子就会开始在心里琢磨"我要展示出这些特性才感到踏实"。尽管这种逻辑并不正确，但人们很难避免形成这样的主观看法。孩子善于观察，但拙于诠释。如果一个4岁的孩子听到母亲表扬他6岁的姐姐把卧室收拾得很干净，他就会认定这件事自己做不到。娇生惯养的孩子可能会认定他们理所应当想要什么就有什么，因病卧床的孩子即便病好了也还会误认为父母理所应当伺候他们。主观的解释必然导致错误的或者自讨苦吃的生活方式信念。自讨苦吃的生活方式信念源自内心的"我不够优秀"的想法。一切错误的生活方式信念的形成皆由自信心不足和自卑感而起。

不利于培养健康生活方式信念的育儿方式

自讨苦吃的生活方式信念基于自卑感，通常发端于童年时期。兄弟姐妹不断地批评、无意的嘲弄或奚落会激发自卑感，致使一个孩子灰心丧气。正因如此，家长要高度警惕孩子们对待彼此的态度，尤其是在他们之间的关系恶化的时候。

有些育儿方式会增加孩子的自卑感，包括：

1.有条件的接受。

2.比较。

3.溺爱和过度保护。

有条件的接受： 如果我们包揽孩子的一切，帮他们收拾烂摊子，那就会强化他们心中"我不够优秀"的想法。按捺住帮忙的心情对家长来说很困难，这要求家长坦然接受孩子的努力，即便他们达不到成人心目中的高标准。无条件接受意味着我们认可一个4岁孩子铺的床，尽管上面有许多褶皱；它意味着耐心等候孩子练习系鞋带，尽管我们帮忙的话立刻就能系好；它意味着我们接受孩子自己动手穿衣服，尽管他们可能会把鞋子穿错左右脚（这种时候可能要委婉地提醒一下）；它意味着我们要感谢10岁的孩子做好了晚饭，尽管他们烤的肉实在嚼不动。父母往往会指出孩子的缺点，提醒他们在无数件鸡毛蒜皮的小事上有待改进。如果在一个家庭里面父母总是不满意，那么，孩子很快就会产生自卑感，而这种自卑感会滋生错误的生活方式信念。

比较："你怎么就不能像哥哥那样保持房间整洁呢？"把家里某个孩子立为榜样的做法必然会让其他孩子沮丧。许多孩子认为"我永远不可能像兄弟姐妹那样优秀/聪明/强壮"，于是他们干脆放弃努力，自甘平庸。

溺爱和过度保护：如果父母剥夺了孩子自己动手的机会，孩子就无法领悟到自己可以成为家里有用的、受尊敬的一员，无法领悟到自己能够对个人和家庭的幸福做出重大贡献。对孩子娇生惯养、百依百顺，就是把他们置于家庭的中心，而真正的幸福感和满足感来源于对他人的给予和帮助，来源于为自己所属的家庭和其他群体做出贡献。

有利于培养健康生活方式信念的育儿方式

健康的生活方式信念与自信相伴，因此，能提升自信和自我效能的策略有助于让孩子养成健康的生活方式信念。

能提升信心的三种育儿方式是：

1.教导和训练。

2.培养独立性。

3.鼓励。

教导和训练：教子有方的父母会花时间教导孩子，帮助他们掌握必要技能来为家庭和其他群体做出积极贡献。教导和训练需要耐心、毅力，需要花时间与孩子进行一对一的互动。教导和训练幼儿的最好方法是和他们一起动手做事。要教会孩子收拾玩具，最好的方法是跟他们一起收拾，并认真解释每件玩具该放在哪里。

培养独立性：《成为更好的父母》(*Becoming Better Parents*)一书作者、心理学领域的励志讲师莫里斯·巴尔森经常提醒学生："不要总是替孩子做他们自己力所能及的事情。"巴尔森不厌其烦地提醒我们，儿童独立性的培养宜早不宜迟。一旦你要求孩子自己吃饭、穿衣、起床和履行独立生活的其他基本技能，他们就明白了自己是对家庭有价值的成员。

鼓励：鼓励孩子有三种方式：

1.指出他们的长处和优点。

2.注重过程而非结果。

3.淡化失误和缺陷。

许多家长用挑毛病的方式来养育和教导孩子。也就是说，家长和老师特别擅长指出孩子的缺陷来促使他们改进。其本意可能是好的，但逻辑是错误的。孩子不能自立一般有两个原因，一是缺乏技能，二是缺乏信心。如果缺乏能把事情做好的信心，孩子就无法习得技能。不断地批评和挑错会消磨孩子的信心，阻碍其学习和发展。

要重点关注孩子的长处。多谈论孩子会做的事情而不是他们不会做的事情，他们的信心就会增长。在给孩子反馈的时候，一定要先强调积极方面。"你读的书多了，写作文用到的词汇量真是大增，接下来我们稍稍改进一下拼写如何？"这样的沟通方式对所有人都有效。

跟孩子打交道时要重视过程而非结果。尤其是对于长子女，他们自我评估的依据通常是"我能做好哪些事情"，而不是"我有哪些事不会做"。这些孩子帮忙做家务通常只是为了得到父母的夸奖，因为他们只有在得到他人认可时才感到踏实。父母的认可是一种奖励，它会促使孩子按照能让父母满意的方式行事。

一旦父母的评价着重于过程或者贡献而不是结果，就会打消孩子追求认可的想法。如果孩子从学校带回来一份难看的成绩单，家长要关注其学习过程而不是学习成果。不妨聊一聊孩子付出的努力、作业上的改进或者上学的快乐。"你的作业有很大进步嘛。下了这么大功夫，也体会到了学习的快乐，我为你高兴。"不管成绩如何，你都可以发表这样的评价。当你专注于过程时，结果自然会水到渠成。

这个原则尤其适用于追求完美、对自己高标准严要求的孩子。这些孩子会因为无法出类拔萃就拒绝参加某项活动，或者因为无法达到自己的高标准就干脆放弃尝试。

切记淡化失误和缺陷。我们要让孩子认识到，犯错误是学习和自我提升过程中不可避免的。很多孩子会以避免出错为宗旨。乍一看，他们似乎充分发挥了潜力，因为他们基本不犯错误，但若仔细观察就会发现，他们没有尽最大努力。例如，在一些学校开展领导力项目时，我发现许多有能力的孩子和年轻人不愿当众讲话。他们通常都非常有能力，但因为不想当众出错而避免冒险。

我们对儿童的培育要着眼于成就而非失误。可喜的是，我们的教育体制已经开始认识到淡化失误、鼓励冒险的强大力量。

幼年对于生活方式信念养成的重要意义

人生头五六年是一个人形成自我认知和世界观的关键期。然而幼儿期对晚年生活状况的影响至今仍未得到广泛认识，也没有得到充分的重视。"只有……我才感到踏实"的信念形成于幼年时期，而且会影响孩子在整个求学生涯中的学习成绩、他们与同龄人以及未来同事的关系，也会影响他们的择偶。要养成健康的生活方式信念，关键在于父母要帮助孩子感受到其自身具有的价值而不是父母赋予他们的价值，并鼓励他们在与人交往时多想想"我们"而不是"我"。家长要日复一日地坚持给予无条件的认可，才能使孩子养成健康、平衡的生活方式信念。

第十二章　出生顺序影响婚恋

　　我们永远逃脱不了自己的出生顺序。它不仅影响着我们养育孩子的方式，还影响着我们对长期伴侣的选择以及亲密关系的维系。这其实不足为奇，因为我们最初的亲密关系体验就发生在原生家庭内部。在兄弟姐妹关系的发展过程中，我们扮演各种各样的角色，并逐渐具备这些角色所必需的特质和行为。如果家里的老大是女孩、老二是男孩，这个长女在与弟弟的关系中就很可能会扮演照顾者的角色。如果弟弟比较安静、比较胆小的话，她也可能会渐渐变得对弟弟颐指气使。不管是哪种情况，她都有可能把自己的角色和随之形成的技能运用到她成年以后的人际关系中。我们在原生家庭里的岁月塑造了我们的性格，决定了我们如何与他人亲密交往、如何满足我们自己的心理需求。你的原生家庭中很可能有那么一个人满足了你的社交和情感需求，所以你会寻找一个能继续满足这些需求的人生伴侣。你的需求如何得到满足取决于你在家庭中的位置和你周围的人。

异性相吸，千真万确

如果真的异性相吸，那么，男女双方的出生顺序位置对婚恋关系有影响吗？答案是：当然有！是什么让一个人被另一个人吸引？是身体原因吗？答案依然毋庸置疑：当然是！生物化学家告诉我们，当两个人相互吸引时，其身体就会发生化学反应。相互吸引是信息素和其他化学物质在起作用吗？也许是的！但在最初的身体吸引力过后，其他许多东西就开始发挥作用了。我们是想在未来的人生伴侣身上找到母亲或父亲的影子吗？是的。如果你的父亲是坚强可靠的人，你会跟一个软弱怯懦的男人结婚吗？恐怕不会。如果你的父亲是对你事事干涉的霸道老爸，你会嫁给一个掌控欲很强的男人吗？很可能会。如果你是小儿子，有两个姐姐和一个慈爱的母亲，你会乐意跟一个有弟弟的长女结为伉俪吗？很可能会。我们都无法摆脱过往家庭经历的影响。

大量研究表明，出生顺序位置不同的男女最有可能缔结幸福持久的夫妻关系。而麦肯德里大学的勒妮·席林（Renee Schilling）研究了婚姻破裂现象，发现夫妻双方排行相同的婚姻最不牢固。其中，长子娶长女是最有可能以失败告终的出生顺序组合，而幺子与幺女结合则最有可能白头偕老。下面我们就来看看各个出生顺序位置在婚恋中的利弊。

爱挑刺儿的伴侣——长子女

长子女特别爱挑衅伴侣。从本质上说，老大都爱挑刺儿、喜欢掌控一切，因此，如果夫妻双方都是老大，婚姻成败的关键就是：谁在夫妻关系中占上风？我并不是说长子女的婚姻都不会成功。事实上，因为现如今长子女越来越多而其他排行的人相应减少，长子与长女的婚姻数量会大幅增加。不过，长子与长女的婚姻的确容易出现波折。长子女们发现，如果一方或双方稍稍学习像次子女那样做出妥协，或者像幺子女那样没心没肺，夫妻关系就会变得更加牢固。

威廉王子和凯特王妃可以说是如今世界上最知名的一对夫妻，他们都是老大，但似乎完美地互补。内部人士称，他们两个人在一起的时候特别亲密、放松。近年来，两个人都承担起更多的王室职责，而他们似乎并不争着出风头。威廉以内敛著称，尤其跟弟弟哈里相比。凯特在公众面前显得文静优雅，但据说私底下爱说爱笑，想必是为了让内敛的丈夫变得开朗一点。据报道，两个人共同养育子女，对子女都爱护有加。

所有研究结果的共识是，成功率最高的搭配是老大与老幺。长子女做事缜密、注重细节，这对幺子女来说是个福音，他们最不会处理一些鸡毛蒜皮的小事，比如会把臭袜子扔在地上、忘记交水电费等等，因此往往需要一个人帮自己把生活安排得井然有序。老大身边有个人来缓解他们的紧张情绪，让他们可以放松心情，也可以从中受益。长女通常格外体贴，善于呵护他人，因此跟喜欢被人照顾的幺子是天作之合。我个人对此深有体会，因为我就是家里的老幺，妻子则从小扮演了老大角色。这实际就是一方热衷于保护、照顾别人和迎接挑战，另一方则乐得有人拿主意和照顾自己。

研究人员利娅·曼宁（Leah Manning）前不久在《个人心理学杂志》（*The Journal of Individual Psychology*）上发表论文，揭示了一个有趣的趋势：排行老大的男性与排行老大的女性结为伴侣的可能性较小，他们更喜欢排行靠后的女性。这或许说明，男性确实喜欢在家里当老板而不那么在乎家庭成员之间的协作。又或者，他们可能觉得意志坚定、雷厉风行的性格类型跟自己不太相配。有趣的是，女性对伴侣的排行并不那么在意。无论什么出生顺序位置的女性都既有嫁给老大的，也有嫁给老二、老三或者老幺的，不过，她们与独生子保持长久关系的可能性较小。

长子女用在工作上的时间往往超过其他排行的人。他们胸怀大志、追求成就、进取心强，因而很多人（尤其是排行老大的男性）有可能忽视了他们最宝贵的个人关系。如果他们在家庭生活中遇到困难，就可能会把时间和精力用到更有把握取得成功的职场中。

需要个人空间的伴侣——独生子女

独生子女最难长久相处。就相同排行的夫妻最终分手的可能性而言，独生子女仅次于有弟弟妹妹的长子女。根据曼宁的研究，其他排行的人在寻觅长期伴侣时都对独生子女敬而远之，无论其是男是女。

为什么独生子女不如其他排行的孩子那么受异性青睐？关于这方面的研究很少。如前所述，独生子女的名声不佳，大家都觉得他们以自我为中心、不爱接受批评。然而实际原因可能在于，他们小时候经常独处，对于需要妥协、变通和坦然接受善意批评的长期亲密关系，他们没有做好准备。

我认为，对独生子女来说，假如伴侣能对他们给予理解和宽容，婚姻就能美满幸福。他们最适合的伴侣是弟弟妹妹，要么是老幺，要么是灵活变通的老二。独生子女在感情中需要自己的空间，不喜欢受人催逼或压制。他们遇到事情时，需要时间来斟酌各种想法或方案，因此更喜欢有耐心的伴侣。

独生子女不习惯出其不意，也不喜欢即兴而为。浪漫的晚间约会要提前规划，不能一时兴起地邀约。独生子女习惯于自我调节情感，因而不太可能对伴侣无话不谈。对独生子女来说，与人共享他们的时间、空间和财产绝非自然而然之事。如果两个独生子女结为夫妻，那他们很可能会住在一起却各有各的生活。他们可能会各有各的事业，尊重彼此的独立空间和自由。

容易相处的伴侣——次子女

总的来说，次子女会是优秀的伴侣，因为早期的家庭生活经历让他们准备好了面对长期关系的苦与乐。勒妮·席林发现，次子女往往最享受婚姻生活，是所有排行的人都梦寐以求的婚恋对象。不过，虽然乐于谈判和妥协是婚恋关系中的重要加分项，但假如夫妻双方都是次子女，那可就不妙了。次子女珍爱和平与稳定，他们会终生回避与伴侣发生对抗。

次子女和中间子女通常善于变通，很适合与长子女和幺子女结为伴侣。中间子女从小就学会跟兄弟姐妹一起玩耍、友好相处，他们会把这些技能带入成年生活。例如，他们学会了乖乖听大哥大姐的话，会忽略他们的一些完美主义做法。但如果与幺子女结婚，他们也可以坚定有力地承担起掌控大局的职责。这个人群的最大优点，也是他们得以处理好与伴侣关系的最重要原因在于，他们的期望值比其他出生顺序位置的人都要低。次子女一直都知道，生活并不总是公平的，因此他们更有弹性，更乐于退而求其次。

因性别、兄弟姐妹数量和兄弟姐妹之间年龄差等具体情况，次子女也可能会表现得更像长子女或幺子女。如果家里只有两个孩子，那么老二的特点可能会像长子女也可能会像幺子女，视这两个孩子的性别以及父母的养育方式而定——性别与老大不同则可能会更像长子女，性别与老大相同则可能会更像幺子女。不过，与幺子女相比，次子女更乐于承担起为人父母的责任，而与长子女相比，次子女在养儿育女上没那么焦虑，会对孩子采取较宽松的态度。

"永远长不大"的伴侣——幺子女

当两个老幺成为伴侣，他们肯定会过得很惬意，但这只是暂时的惬意。我想象不出谁会去扔垃圾，因为两个人都不大可能承担所有家务。在相同排行的婚姻中，幺子与幺女结合的成功率是最高的。我认为，他们之所以能够相安无事，是因为他们都倾向于采取不那么激烈的方式来解决冲突。幺子女都不在意纪律性，所以，当两个幺子女碰到一起，混乱就在所难免。总得有人像长子女那样承担责任，你来我往地推卸责任是不行的，可那偏偏是幺子女的特性。如果跟乏味而保守的长子女搭配，幺子女急躁冲动的本性就会与之相得益彰。但是，两个冲动的幺子女结合恐怕就会意味着凡事都有始无终。

通常的看法是，幺子女与长子女或独生子女是天作之合。从我父母和家里人的经历来看的确如此。他们的随和能与长子女的紧张互为补充，他们可以心安理得、高高兴兴地接受头脑冷静的长子女的照顾和支持。同理，长子女的保守与谨慎能抑制幺子女的急躁鲁莽，半途而废的家庭项目、无人实施的宏伟计划会减少。与长子女结婚的问题是，他们有时会对幺子女的自由散漫态度和"差不多就行了"的办事方式感到非常恼火，因而表现得专横霸道，从而挫伤幺子女的乐天派精神。

美国前总统贝拉克·奥巴马和妻子米歇尔的关系就很值得从出生顺序的角度来解读。奥巴马虽然有同父异母、同母异父的兄弟姐妹，但在成长过程中实际扮演了长子角色。他和比自己小9岁的同母异父的妹妹在一个屋檐下生活过几年，但他在童年的大部分时间里都是独自跟着母亲。米歇尔是家里的老二，她只有一个比她大两岁的哥哥，没有其他兄弟姐妹。在奥巴马2008年成为美国第44任总统前，两个人都在各自的专业领域做得很好，并且他们两个人是公认的模范夫妻，堪称神仙眷侣。

第十三章　哪种排行的父母最厉害？

当我向家长提出育儿建议或育儿理念时，他们的反应通常会与其出生顺序人格一致。例如，在一次讲座中，我建议家长，假如早上来不及给孩子穿好衣服，那不妨让他们穿着睡衣去学校或幼儿园。我的建议引起了两种强烈反应，分别与不同的出生顺序人格一致。一部分家长声称"那可不行"，另一部分则表示"没问题"。对我的建议持反对态度的几乎全是长子女或独生子女，表示支持的大多是幺子女和次子女。长子女们提出了若干反对理由，他们对于孩子该如何表现以及受到怎样的对待有着坚定不移的想法。他们讲究育儿方法，绝对不能接受孩子衣冠不整地去上学。许多长子女家长非常在意自己的育儿成果，而孩子的表现是衡量这种成果的标准。

幺子女和次子女对于养育孩子没有这样的执念，他们更为随意。他们也不那么在乎别人会怎么看他们，因此同侪压力往往不会对他们产生很大影响。他们凭直觉认为，只要是本着公平、尊重的精神，并在事先加以提醒，就不会给孩子造成终身伤害或阴影。幺子女尤其明白：孩子是有复原力的，他们不会一直心怀怨念，而会抛开怨恨继续前进。

幺子女家长通常会比长子女家长给予孩子更多的自由。他们通常在养育孩子方面比较佛系，比其他排行的家长更能与孩子打成一片。不过，幺子女家长很难坚持到底，做到有始有终。

过去几十年里出现了五花八门的术语来描述育儿方法，有些词想必大家都很熟悉，比如"直升机式"育儿法（helicopter parenting）、亲密育儿法（attachment parenting）、自由放养式育儿法（free-range parenting）、正面管教法（positive parenting）、整体养育法（holistic parenting）、法式育儿法（French-style parenting）以及丹麦式育儿法（Danish parenting）。有证据表明，所谓的育儿有方可以归结为：养育者对子女宽严有度，既严加管教又爱护有加。这个"度"要根据孩子的发育需求和情境需要进行调整。婴儿通常需要父母给予较多的爱护，在此期间，家长要与孩子建立起牢固的亲子关系、给予孩子安全感和信任感。"严"表现在作息方面，家长要对婴儿的饮食和睡眠模式进行干预。到了蹒跚学步的时候，孩子因体力增强变得更加独立，家长要更加严格，确立底线、加以约束以保证孩子的安全，培养孩子的社交能力。爱护孩子依然重要，但可以退居次要位置，尤其是在孩子突破家长的底线和耐心极限时。父母的这种宽严相济通常被称为权威式育儿，它贯穿于孩子的幼年和青春期。

严如猫，宽如狗

谈到权威式育儿，我们不妨用猫和狗来打个比方。狗狗以温柔可亲、能够跟人建立起深厚情谊著称。狗式育儿就是和蔼、慈祥、注重沟通的方式，它会给予孩子成长和发展所需要的照顾和关爱。猫猫以自立和克制著称。猫式育儿就是坚定、可靠、理性的方式，能够给予孩子所需要的领导力和安全感。每个人内心都既有猫的一面也有狗的一面，但大多数人会倒向其中一边。生性像猫的家长催逼孩子多于养育孩子。他们并非没有能力运用狗式育儿，而是需要更有意识地增进亲子关系和给予孩子鼓励。

大量证据表明，家长的育儿方式偏好与他们的排行有关联。在《中间子女的秘密力量》一书中，凯瑟琳·萨蒙提到了2004年的一项出生顺序与人格维度研究，该研究考察了三孩家庭中人们在五个人格维度的差异，发现老大的支配欲和控制力最强，老二和老三则社交能力更强、性格更为外向。支配和控制是猫的特点，社交和外向则符合狗的行为方式。老大做事更认真，神经更容易过敏，这些会加剧完美主义倾向和焦虑情绪——这正是长子女家长表现出来的特点。老二、老三的开放心态得分很高，这或许可以解释为什么幺子女家长倾向于宽松的育儿方式。次子女和中间子女似乎兼具老大和老幺的优点，包括做事认真和善于社交，同时没有神经过敏、焦虑和追求完美等负面特征。

下面来详细分析处在不同出生顺序位置上的人，看看他们会成为什么样的家长以及他们的理想伴侣是哪种排行。

了不起的家长——长子女

长子女通常会是非常优秀的家长，跟对待生活中的大多数事情一样，他们非常重视对孩子的养育。排行老大的妈妈通常会对子女关爱有加，尤其是如果她们小时候照顾过弟弟妹妹的话。排行老大的爸爸往往对子女较为严厉，尤其对自己的长子最为苛刻。长子女一般会深刻认识到为人父母的责任，所以他们的书架上堆满了育儿书籍。他们会参加育儿讲座，如饥似渴地学习。他们养育孩子一如对待其他事情——竭尽全力。他们往往在育儿问题上思前想后，不愿相信直觉，因为他们总想得到最新最好的建议。然而，完美主义倾向会使他们对孩子及其所犯的错误过于挑剔。

许多长子女都是胸怀大志、锲而不舍的人格类型，他们对自己的孩子，特别是老大寄予厚望。他们往往希望自己的第一个孩子与自己"就像一个模子里刻出来的"，假如第一个孩子并不具备跟他们一样的进取心和抱负，他们就会大失所望。一些身为长子的父亲常常发牢骚："他怎么搞的？我让他努力，可他就是听不进去。"如果父母双方都是老大，那么，其完美主义倾向相叠加，对他们的第一个孩子来说就不是什么好消息了。这个可怜的孩子会真切地体会到什么叫压力。长子女的一生大部分时间都在满足别人的期望和标准，当自己终于成为家长时，他们会不失时机地将自己的某些准则传给下一代。他们的长子女将承受他们的全部精力和关注，做任何事情都不能三心二意。

我同情父母都是老大的孩子。这些孩子通晓常识，做事有条理。他们并不缺少关注，但可能会缺乏父母的认可，因为长子女家长是很难取悦的。如果父母双方都是老大，长子女家长惯有的严厉育儿方式就会变本加厉，会与幺子女家长身上体现出来的那种较宽松放任的育儿方式形成鲜明对比。遗憾的是，许多长子女并不喜欢幺子女的方法和观点。事实上，许多长子女只认同长子女的观点，根本不能理解其他人的观点。许多长子女的口头禅就是："我这人就这样，怎么着？"

相对于其他排行的孩子，长子女在家庭中占有一个优势，那就是经验。在原生家庭中，父母很有可能会让他们分担一些责任。无论是给宝宝换尿布、给蹒跚学步的孩子喂奶、带着弟弟妹妹走路上学，还是在学校关照弟弟妹妹，这些养育经历都会激发长子女内心深处的慈父慈母情怀，他们从中获得的宝贵经验是其他排行者所没有的。

遭遇困难的家长——独生子女

在我遇到的独生子女家长当中，大多数人决心给孩子一个与自己不同的童年。这首先意味着要有不止一个孩子。

虽然有研究表明独生子女最有可能不要孩子，但我遇到的大多数独生子女家长都决心要不止一个孩子，原因是他们自己在成长过程中饱受孤独之苦。有意思的是，虽然他们在育儿方面没有什么经验，但大多数人在有了孩子以后都渴望给孩子一个无忧无虑的童年。他们从自己的童年中找不到可以参照的育儿体验，有时会不知所措。例如，有个自身是独生女的母亲向我求助，原因是每当她教训一个孩子的时候，另一个孩子就会站出来反对她。只要有一个人挨批，两个人就抱团取暖，她不明白这是为什么。她说，当她批评一个孩子行为不当时，两个孩子会一起笑；或者，如果她训斥一个孩子，两个孩子就都跟她作对。我安慰她说，这是手足团结的表现，正是许多家长所希望看到的。孩子们临时"合伙"对付胆敢干涉其事务的成年人是非常正常的，完全没必要为此烦恼。

独生子女家长对自己会极其苛刻，对子女就更苛刻了。从本性上讲，独生子女对生活的期望很高，其中包括对子女的期望。独生子女都缺乏耐心，他们常常盼着孩子一蹴而就地取得成功。他们希望孩子保持儿童天性，却往往用成人标准来衡量孩子的成功，因而给孩子带来巨大压力。一些独生子女家长把孩子当成小大人，给他们穿时髦的衣服，坚决要求他们按成年人的方式行事。人们常说"只做你这个年龄该做的事"，但对于独生子女家长而言，只做孩子年龄该做的事还不够。

身为独生子的父亲可能会在亲子关系方面遇到困难。他们最擅长的是陪玩，一旦孩子提出更多要求或者需要训导，他们往往就会退缩。如果他的伴侣是独生女，那么这个父亲就要承担同样多的育儿职责。身为独生女的母亲往往不如其他母亲能忍受混乱和噪声，她们需要更多的独处时间。对空间和自主权的需求会给独生子女生活的方方面面带来烦恼。

独生子女家长会很难把握宽与严、猫与狗的恰当分寸。这个群体难以找到折中的育儿方式，尤其是如果他们曾在原生家庭以极端育儿方式被抚养长大的话。要想找到更有效的育儿方式，他们必须找一个比较能接受差异的伴侣，最好是中间子女。

靠得住的家长——中间子女

次子女和中间子女通常根据他们与哥哥姐姐的关系来定义自我，这个群体能不能当好父母很难确定。不过，在家庭里的位置给了他们机会培养有助于养儿育女的个人特质，包括社交能力、灵活性和圆滑变通。大多数次子女和中间子女在成长过程中对他人的需求有着细致入微的体察，这非常有利于养儿育女。小时候给哥哥姐姐当副手的经历教会了他们要有耐心，而这种品质在长子女当中并不常见。凯瑟琳·萨蒙说："当代中间子女要等候家长把弟弟妹妹安顿到汽车座椅上，等着大哥大姐背诵完课文。他们安安静静地等着开饭，等着自己的勤奋好学受到夸奖。中间子女习惯了不能马上得到他们想要的东西。"她说得对。中间子女从小就经常等待，这教会了他们要有耐心和延迟满足，从而帮助他们应对之后日复一日的育儿艰辛。

次子女和中间子女在原生家庭里面不是关注焦点，但这并不妨碍他们给予自己的孩子足够的关注。蒂娜是三姐妹中的老二，她有三个孩子。她下定决心，绝不会让自己的孩子像她小时候那样有"被遗忘"的感觉。蒂娜说，她要弥补自己童年的缺憾："我跟家里老二在一起的时间可能比跟其他孩子在一起的时间更多，因为我知道被人遗忘是什么感受。"

中间子女似乎特别乐于承担养育子女的责任。研究显示，中间子女家长的育儿满意度较高，比其他排行的家长更希望拥有大家庭。说到由中间子女成长为慈爱的母亲，一个典型的代表是前威尔士王妃戴安娜。戴安娜是五个孩子中的老四（哥哥约翰在她出生的一年前夭折），据她自己讲述，她的童年过得十分凄凉。尽管如此，她在养育两个儿子时投入了中间子女家长常有的那种激情和热忱，一心要与孩子们保持亲密无间的关系，这在当年的英国王室还是闻所未闻的。众所周知，她在1983年首次以王室成员身份出访澳大利亚时，不愿意与儿子分开6个星期，所以把年幼的威廉王子带在身边。这与伊丽莎白女王形成鲜明对比——女王在1954年访问澳大利亚时离开年龄尚幼的查尔斯长达5个月。与许多中间子女家长一样，戴安娜很溺爱两个儿子，总是给予他们自己曾经想要却得不到的父母的关注。

顺其自然的家长——幺子女

老幺都喜欢寻开心。他们也喜欢受到重视，但不是在养育孩子的时候。幺子女在育儿方面通常比较宽松随意，不太可能是那种包办式的家长。他们的育儿座右铭大概就是"顺其自然"。有证据表明，许多幺子女家长不像长子女家长那样对孩子过度保护或严加管教。

这大概是因为幺子女家长小时候接受了较为宽松的养育方式，比哥哥姐姐们享有更多的自由。在跟孩子互动时，我们通常会回顾自己小时候的经历，将其作为借鉴。如果我们曾享有很大程度的自由，而且没什么损失，那我们就会以同样的方式对待孩子。

作为四个孩子中的老幺，我无拘无束，连我最小的哥哥都比不过我。我上面有三个哥哥姐姐消耗父母的精力，而且老大跟我相差13岁。父母无法长时间保持精力旺盛，前面我提到过，到我出生的时候，他们已经心力交瘁。我年龄尚幼，他们就要开始忙着学习应对老大的婚恋问题了。虽然养儿育女已是轻车熟路的事，可他们现在要学的是做祖父母。我并不是说他们不关心我，只是他们给予了我充分的身心自由，从我的角度来看，这大有裨益。这种经历影响了我的育儿方式。虽然我跟所有男人一样对长子甚是严厉，但那远远不及老大当爸爸的严厉程度。我见识过独生子女同事对长子的厚望，相比之下，我对长子的期望不算高。我愿意让孩子自己做决定，让他们亲身体会人生的经验教训。我想，既然我以这样的方式被平安养大，那我就可以照猫画虎地养育孩子。我的这种观点并不总是得到伴侣的认同，她是实际意义上的长女，童年受到的呵护比我要多。她在许多方面中和了我的看法，这样一来，我们就比较好地兼顾了培养孩子的独立性和智慧与保证他们的安全。

育儿挑战——应对与自己排行不同的子女

对家长来说，最头疼的事情大概就是无法理解跟自己出生顺序位置不同的子女。例如，老幺胸无大志或者老二叛逆心强，会让许多长子女家长感到恼火。我曾听到一位排行老大的母亲绝望地哀叹二女儿总喜欢穿奇装异服，她怒气冲冲地说："衣柜里有那么多漂亮衣服，她干吗非要穿得像个小混混？她想要什么衣服就能买什么衣服，却偏偏穿得像在拍恐怖片一样。"大女儿衣着保守，却也让她不满意。让这位母亲迷惑的不仅仅是衣着的选择，女儿所做的一切对她来说都是谜。幺子女家长是一路优哉游哉长大的，他们有时不明白长子女为何那么认真对待生活，那么痛恨犯错。"我跟她说过无数遍了，犯点错没什么大不了。搞不懂，她为什么执着于追求完美？"我们往往对出生顺序位置与自己相同的孩子有强烈的认同感，很难理解其他排行孩子的做事动机。不同出生顺序的男女结为伴侣有助于平衡育儿方式，确保孩子不受到某一种育儿方式的过度影响，避免被某种出生顺序人格左右。

读了前文中关于每个出生顺序位置的说法之后，你也许会不以为意地摇头。要记住，出生顺序理论只是了解人类行为和互动方式的指南，一个人的育儿方式和在婚恋中的表现受到众多因素影响，排行只是其中之一。这也是我们在与他人相处时要考虑到的诸多因素之一，并且是不容低估的一个因素。与出生顺序位置相关的行为方式并不是不可打破的。长子女对自己的孩子不必有过高的期望，也不必过于谨慎或保护。独生子女可以学会与伴侣推心置腹地交流。次子女也可以非常自信。没有一成不变的规则，本书只是标识出了一些倾向。

了解出生顺序理论的好处在于，它能让你更深刻地认清自己的长处，也更能体谅那些与你不同的人。加深对自我、对他人的认知能够使你更加有效地与子女、伴侣和同事相处，并对其施加影响。

第十四章　兄弟姐妹大洗牌——手足间的竞争与对抗

问：兄弟姐妹不和的根源是什么？

答：家里孩子太多了。

我在演讲时提到这个笑话，总能引起哄堂大笑，但请不要一笑置之，因为它是一个真切的事实。伴随第二个孩子出生，手足争斗便出现了。如果你不能接受这一点，那恐怕最好就只要一个孩子。老二出生时，你或许觉得自己是给老大添了个玩伴，但在老大眼里，你是添了一个人来与他争抢父母的爱和注意力。虽然你不这么认为，但孩子怎么想才是关键。种种迹象表明，排行相邻的孩子之间的竞争最为激烈。

通常的看法是，父母和同龄人对孩子的成长影响最大。然而，孩子与兄弟姐妹的关系是他们一生中最牢固的关系之一。手足之情会伴随人的一生，这种情谊通常十分紧密，而且通常延续到父母过世以后，因此它非常值得珍惜。大多数孩子跟兄

187

弟姐妹在一起的时间比跟父母在一起的时间还要多。如果彼此相处融洽，那很好；如果相处得不和睦，那就糟了。许多兄弟姐妹间的关系不容乐观。英国的一项调查发现，遭虐待的儿童受兄弟姐妹伤害的可能性是受父母伤害的两倍。世界其他国家和地区也有类似的调查结果。身为老大的男孩最有可能虐待弟弟妹妹，尤其是如果他们被赋予了太多责任或被要求扮演副家长角色的话。

现如今有规划的小家庭越来越多，这一趋势加剧了兄弟姐妹之间的竞争。目前，超过40%的澳大利亚家庭只有两个孩子，超过25%的家庭有三个孩子。如果家里有四个及以上的孩子，那你通常至少能跟一个兄弟姐妹友好相处或者建立亲密关系。当家里只有两三个孩子时，找到知心朋友或者与一个家庭成员亲密无间的概率就会降低。

当一个家庭里面只有两个孩子时，竞争通常十分激烈，因为兄弟姐妹就只有那一个，根本避不开。一个同事向我讲述了她和唯一的手足——比她大两岁的姐姐之间的事情。她说："我永远摆脱不了她。晚上跟她吵完架，第二天早上醒来，她就笑嘻嘻地坐在餐桌旁。并不是说我小时候不喜欢我姐姐。我很喜欢她，但有时候不知怎的就是讨厌她。我觉得我其实是讨厌她出现在我的家里、我的卧室里、我的空间里。"兄弟姐妹之间的对抗正是这种情形，其根源在于，你无时无刻不要忍受跟另外一个人待在一起。当你的生活环境中总是有某个人时，这种无时不在的烦恼就会被放大。有些孩子格外容易出现对抗，这是性情使然。你能想象给史蒂夫·沃和马克·沃这对双胞胎当父母是什么体验吗？生活会是一场漫长的比赛，因为他们做每件事情都是在竞争。

如果家里只有两个孩子且是同一性别，竞争就最为激烈。兄弟间的竞争格外激烈，如果他们年龄相近的话，竞争会进入白热化。如果兄弟俩相差不到18个月，那么他们会水火不容，因为老大还来不及确立自己的优势地位，老二就来了。在这种情况下，角色逆转现象并不鲜见，也就是说，老二可能会取代老大承担起领导角色。一旦发生这种事，老大很可能就会一蹶不振，并以不恰当的方式来找到存在感。在极端情形下，他会放弃竞争，在父母高度重视的学习等领域听天由命。如果出现这种情况，家长就要后退一步，以减轻老大的压力。

二儿子的到来意味着大儿子的地位下降，因此他会挖空心思地重新赢取自己在家里的最重要地位（以及尊严）。达到这个目的的一个办法是让弟弟认识到，更重要的是让爸爸妈妈认识到，他在父母所重视的所有方面都比弟弟更强。弟弟必定会仰视哥哥，确定哥哥在哪些方面比自己强，然后选择与之不同的努力方向。如果是在一个重视成就、喜欢表扬的家庭里面，那么，即便各有各的人生方向，兄弟俩仍会对抗。比如，如果父母重视成就甚于重视过程、进步和贡献，那么，即便兄弟俩一个是球星一个是学霸，他们仍会争夺父母的认可。正是出于这些原因，家长应该通过鼓励而不是表扬来培养孩子的自信心。

性情影响手足关系

　　并不是每个男孩都会因跟兄弟争夺优势地位和父母的关注而大吵大闹。兄弟俩和谐相处、从不争宠的例子比比皆是。在写这本书的时候，我一直在近距离观察我的两个孙子，他们分别为5岁和3岁。他们俩的关系非常亲密，完全不像我见过的许多年龄相近的兄弟之间那样动不动就吵架。究其原因，大概有两点。首先，两个男孩的个人性情起了一定作用。虽然两个男孩都很活泼好动，但他们天性平和，所以不太容易相互抨击和伤害。其次，他们的爸爸妈妈花了大量心血在他们之间培养手足之情。他们往往私下管教其中一个孩子，以避免在两个孩子面前显得厚此薄彼。他们还不遗余力地帮孩子们修复手足关系，要求兄弟俩互相尊重，如果某个人突破了底线或者伤了对方的心，就必须向对方道歉。很重要的一点是，父母对两个孩子都要花时间陪伴，这样兄弟俩就不觉得有必要争宠。这些育儿行为看似琐碎却十分重要，有助于化解对抗，培养深厚的兄弟情。

性别影响手足对抗

　　姐妹间的竞争会很激烈，但表现方式与兄弟之间的竞争不同。男孩子之间的对抗毫无微妙之处，它是公开的、咄咄逼人的。很多男孩子的态度是"不管怎样我都要揍他一顿"。姐妹之间的竞争或许并不明显，但确实是存在的，通常以分歧的形式表现出来。姐姐往往声称，妹妹得到的关注、享有的特权比她像妹妹这么大的时候要多。姐姐往往扮演妈妈的小帮手或者榜样角色，会牺牲妹妹的利益来获得父母的认可。这些女孩上小学的时候也会成为老师的小帮手。她们竭力成为母亲的迷你版。妹妹做什么事情都不是头一个，所以她必须特立独行才能脱颖而出。她一开始可能会学姐姐的样子，但为了赢得更多关注，她会慢慢变得要么像次子女那样叛逆，要么像幺子女那样依赖他人。为了引人注意而故意捣乱或许听起来匪夷所思，然而，那也比根本无人注意要好。

兄妹或姐弟之间的对抗往往不像性别相同的两个子女之间那么激烈。最起码，他们不必分享同样类型的玩具和衣服。他们还会发展出与自身性别相应的兴趣爱好，因而彼此互不干扰。父母双方都期待同性别的孩子像跟自己"一个模子里刻出来的"，所以两个孩子往往都被寄予厚望。换句话说，两个孩子都会享有老大那样的待遇，拥有跟老大一样的特权与烦恼。两个孩子都会背负完美主义魔咒，都会做事认真、有条不紊。如果真的如我所料，父母双方都是老大的家庭在增加，那对我们将来社会的影响耐人寻味。我们能承受多少专横、苛刻、缜密的长子女？从我这个老幺的角度来看，那简直不堪设想！

父亲很重要

若要姐妹俩好好相处，父亲是关键。女孩们虽然没有意识到这一点，但她们都希望得到父亲的关注和认可，因此父亲一定要公平对待两个女儿，留出时间跟她们分别独处。大多数家长都明白陪伴孩子的重要性，但还要记住：单独陪伴每个孩子也至关重要。一对一相处是亲子关系的基础，可以培养孩子的自尊和自我价值感。

跟在"大明星"后面的尴尬处境

不妨想想才华横溢的澳大利亚艺人丹妮·米诺格（Dannii Minogue），她的姐姐是流行天后凯莉·米诺格（Kylie Minogue）。丹妮本身是一位很有名气的艺人，职业生涯跨越30年，但与姐姐相比，她的成就稍显逊色。凯莉发行过一系列热门唱片，前不久成为50年来首位在英国拿下冠军单曲的女艺人。凯莉·米诺格是公认的现代音乐偶像，做她的妹妹实属不易。

有些孩子是弟弟妹妹无论多么聪明都无法超越的。我的大女儿埃玛就属于让人望尘莫及那一类。埃玛很讨人喜欢，是那种社交技能出众的孩子，而且不管做什么都能取得成功。比她小两岁的妹妹萨拉一直难以追上她的步伐，至今依然如此。不管萨拉有多么能干，姐姐总是在大多数领域胜她一筹。

那么，如果你有一个跟在"大明星"后面的孩子，如何养育才能让他保持个性、树立强烈的自尊呢？首先，父母绝不可把这个孩子与大明星般的哥哥姐姐进行对比，悄悄在自己的心里对比也不行。弟弟妹妹已经知道自己跟哥哥姐姐的差距，你就别再推波助澜了。父母还必须有耐心，给老二时间来发展自己的兴趣和个性，从而彰显自己的与众不同。通常要到青少年时期，他们才会开始形成独特的个性。一般来说，同性别的孩子在幼儿期和小学期间会有相似的兴趣爱好，直到成为青少年才会出现分化。

我自己家想出一个简单易行的办法来解决"跟在'大明星'后面"的困境，那就是把大女儿送走。我们把埃玛送到丹麦去做了半年交换生，这样萨拉就有机会摆脱她的阴影。形成自己的想法、着装风格、兴趣爱好等是正常的青春期过程，但在姐姐离场的情况下，这个过程得以加快。

"最棒的本该是我"

对任何一个孩子来说，最难受的处境是：我是老大，可弟弟/妹妹比我要出色。通常情况下，老大确实最棒，生活会风平浪静。如果老大后面紧跟着一个更强壮、更聪明、更优秀或者在父母高度重视的领域出类拔萃的老二，那日子就不好过了。在当今的澳大利亚社会，父母们高度重视的领域是学习成绩、体育实力和社交成就。在这些关键领域取得成功，你就万事大吉了。如果在这些领域击败弟弟/妹妹就更好了，会过得更舒适。而如果你的弟弟/妹妹在学习方面超过你、在运动场上比你强、带回家串门的朋友比你多，那生活就会开始布满荆棘。事情本不该是这样的！

然而这种情况在澳大利亚越来越普遍，尤其是如果老大是男孩、老二是跟他年龄相差不到两岁的女孩的话。由于女孩比男孩成熟得要早一点，妹妹比哥哥更优秀正快速成为当今社会的一个普遍现象。如果老大泰然处之，那自然就无妨，但实际情况是，老二很可能会成为老大的眼中钉。有些老大会放弃跟比自己强的弟弟/妹妹竞争。不参赛就不会输，所以，放弃是保全面子的一种方式。父母的态度至关重要，必须多关注孩子付出的努力而不是结果。如前所述，千万不要拿孩子们做比较。

适当的对抗有好处

如果你以为有三个孩子就能解决手足相争的难题，那可要三思了。大多数父母都有体会，儿女数量成奇数会带来一些问题：总有一个孩子会落单，或者被另外两个孩子合伙欺负。即使是三个好朋友一起玩耍，也不是什么好事，因为往往会有一个孩子被冷落。

适当的手足对抗对孩子是有益的。很多孩子，尤其是男孩，正是出于胜过兄弟姐妹的动机而加倍努力、表现自己。兄弟姐妹之间出于争强好胜展开友好的竞争，最终爆发全面"战争"，孩子们在这个过程中竭尽全力，从而学习和发展新的技能。手足对抗锻炼得孩子们经得起风吹浪打，这有助于他们在学校、在社群里披荆斩棘。手足对抗必然伴随着争执，这能让孩子们在校园里学会自立。每个排行的孩子都会逐渐形成自己的为人处世之道。长子女通常诉诸实力，这是他们与生俱来的权利（或者说他们自认为如此），利用强硬的气势来维护自我地位，达到目的。弟弟妹妹们的技能则有所不同。许多幺子女领悟到，若想达到目的，撒娇卖萌远比咄咄逼人、颐指气使有效。他们还从小就认识到，坚持不懈是战胜哥哥姐姐最万无一失的办法。世上有多少大哥大姐能经得住小弟小妹的哭闹、卖惨和软磨硬泡呢？

次子女需要一套复杂的技能来帮助他们对付更能干的哥哥姐姐和善于支使人的弟弟妹妹。有些上有哥哥姐姐、下有弟弟妹妹的孩子往往会挑起冲突而不擅长化解冲突，但次子女通常有的是办法来应对。有的老二学会跟哥哥／姐姐达成妥协，有的老二学会保留自己的意见。难怪人们通常认为，与其他排行的孩子相比，次子女往往适应能力更强、意志更坚韧。

手足关系恶劣

不是所有手足间的对抗或冲突都是健康的，前面我提到过，有些兄弟姐妹间的争执会充斥着恶言恶语。若孩子不断受到强势的兄弟姐妹欺凌或戏弄，而且在学校里的处境也一样，那就有危险了。关于澳大利亚有多少孩子受到兄弟姐妹欺凌和虐待，我们难以获得确切数字，但我怀疑这种情况远比人们愿意承认的要普遍。来自兄弟姐妹的欺凌比较隐蔽，其影响是长期的、有害的。当孩子在根据其与亲朋好友交往的经验来形成自我认知的时候，与一个天天嘲弄自己的兄弟姐妹生活在一起显然不是一个理想的环境。

那么，如果孩子被兄弟姐妹欺负，家长怎么才能察觉呢？戏弄和欺凌很难区分，因为两者看起来差不多。不过有些迹象是家长应当注意的。第一，观察兄弟姐妹之间是否存在一个人对另一个人施加身心伤害而后者毫无反应的现象。第二，弄清楚兄弟姐妹之间一个人对另一个人的恶劣态度是不是持续的、经常性的，以及兄弟姐妹之间是不是恶言恶语多于亲密无间。第三，观察一下，当受害方要求停止时，施害方是否停止伤害。在健康的手足关系中，大家都会把握尺度，在冲突失控或父母应声出面之前收手。

争斗并非必然

不是所有兄弟姐妹间都争斗、吵架或拌嘴。我有一次育儿讲座的主题是许多父母都经历过的手足对抗，讲座结束后，一位母亲走过来对我说，她的几个孩子从不争斗。他们相处得极好，只是偶尔会拌拌嘴。他们对待彼此跟对待朋友没什么区别。"我是哪儿做错了吗？我的几个孩子竟然从不争斗。"她备感疑惑。但是毫无疑问，如果兄弟姐妹之间动不动就吵架，如果斗嘴、争吵和互相取笑成为家常便饭，这样的家庭生活会让父母无法容忍。我早先关于家庭生活的研究显示，84%有两个及以上孩子的家长都对手足冲突感到严重不安。其中约一半家长表示，手足冲突是享受幸福家庭生活的主要障碍。

虽然手足之争最有可能出现在童年时期，但决定兄弟姐妹之间是手足情深还是反目成仇的是在青春期。年轻人对独立的渴望促使他们疏远父母。在和谐的家庭里，年轻人通常向兄弟姐妹寻求支持、建议和声援。在婚姻不稳定或者父母感情淡漠的家庭里，手足关系的力量往往格外强。许多家庭成员都说，处于青春期的兄弟姐妹即使相处融洽，仍会时不时发生激烈冲突。跟在大多数健康的关系中一样，手足之间爱与恨的界限十分微妙，爱之深，也恨之切。

专横跋扈和漠不关心的育儿方式有害

育儿方式会影响手足间的对抗。如果父母的养育方式是专横跋扈或者漠不关心，兄弟姐妹之间最有可能出现敌对。专横跋扈的育儿方式必然营造出以强权解决争执的家庭氛围。这样的话，孩子的大量时间都会用来争取自己的权利而不是相互照顾。漠不关心的育儿方式同样有害，尤其是在父母要老大照看弟弟妹妹却不给予任何监督或指导的情况下。父母要了解家庭内部发生的事情，恰当掌握何时该出面帮助孩子们解决冲突、何时该采取视而不见的态度。

父母或许不像兄弟姐妹那样对孩子的成长有着直接的影响，但父母增强家庭凝聚力和手足和睦的能力至关重要。要形成健康的手足关系，首要原则是父母公正地对待每个孩子，而这并不意味着平等对待。父母可以培养每个孩子的自信，通过家庭仪式等活动以及协作性育儿把孩子们团结到一起。父母要确立界限和底线，并充分监督孩子们遵守规矩，这也是决定兄弟姐妹如何相处的因素。这种育儿方式就是第十三章里所说的猫式育儿，它能在家庭里面营造安全感，而安全感是兄弟姐妹间形成亲密关系的一个基本要素。

父母对孩子成长的影响力或许没有兄弟姐妹那么大，但对于塑造手足关系赖以形成的环境非常重要。恶劣的、挑剔的环境会助长破坏性的关系，温馨的、有爱的环境则更有可能促生和谐健康的手足关系。育儿是一门艺术，不是一门科学，因此，孩子的言行举止没有一定之规；然而，有效的养育确实能产生巨大的影响。

如何减少手足对抗

当家里只有两个孩子时，对抗通常最为激烈。以下办法有助于父母减少（而不是消除）两个及以上兄弟姐妹之间的对抗。

接受孩子间的个体差异

接受孩子之间的差异是一个基本的育儿原则，但很容易被遗忘。要减少手足间的对抗，就必须真正接受孩子们不同的兴趣和能力。你或许很高兴一个孩子学习成绩优异，却不太满意另一个孩子热衷于运动而非学业。你可能会完全认可一个孩子的认真好学禀性，却不能理解为什么另一个孩子似乎永远无法完成一项既定任务。家长对孩子都怀有一定的期望，有些行为是他们不认可的，这就意味着他们很难坦然接受孩子之间的差异，尤其不能接受想法、价值观和行为与自己不同的孩子。

接受个体差异要求父母区别对待每个孩子。澳大利亚著名牧师蒂姆·科斯特洛（Tim Costello）一针见血地指出："每个聪明的家长都知道，要想一视同仁地爱每个孩子，就必须区别对待他们。""一刀切"的育儿方式会引起兄弟姐妹之间的嫉妒和怨恨。父母培养孩子自尊自律的策略必须根据每个孩子的性情和发展阶段加以调整。"你姐姐可以，所以你应该也可以"是一种不懂变通的态度，只会加剧兄弟姐妹之间的竞争。

认可每个孩子在家庭中的角色

几年前，在我的母亲到访之前，我让几个孩子都想想办法，欢迎他们祖母的到来。老大和老二想到的办法很符合常理，一个帮着打扫房间，另一个给花瓶里插上鲜花。年龄最小的女儿则直奔她的卧室去读书。她看上去毫不在意，我既感到困惑，又有点恼火，于是问她在干什么。她说自己在背一个故事，因为祖母爱听人讲故事，她想讲给祖母听。女儿非常郑重其事——她确实在帮忙。这个小插曲让我认识到，孩子们解决问题的方式各不相同，并且会根据正向反馈来选择自己所扮演的角色。在祖母面前，小女儿觉得自己就是一个讲故事的人。每个孩子都以自己的方式寻找归属感并为家庭做出贡献。孩子们将在家里承担不同的角色——有的是和事佬，有的是"开心果"，还有的是小帮手。在鼓励每个孩子做出积极贡献的时候，成年人即使不赞同孩子们具体的行为，也一定要接受孩子们为家庭出力的好意。

多鼓励，少表扬

你会因为孩子健康成长而表扬他们吗？会表扬孩子遵守了万有引力定律吗？会对孩子每天都在重复的最简单的社交活动大加赞扬吗？

你肯定说："不会。"那么，你有没有表扬过孩子吃光所有饭菜，表扬他们骑稳了自行车或者踩稳了轮滑鞋？有没有表扬过一个蹒跚学步的孩子笑容灿烂、表现得好？

包括美国、英国和澳大利亚在内，世界上许多地方的父母都热衷于遵循积极育儿理念。对于一些家长来说，孩子做得好就予以表扬是条件反射般的动作。

· "哇，你把饭全吃光了。真棒！"

· "这是我见过的最漂亮的手工！"

· "你真是天生的游泳小将。"

· "哇，你会用马桶啦。我们赶紧给奶奶打个电话，告诉她你有多么聪明！"

听起来耳熟吗？是的，大多数家长都擅于表扬，可我们是不是做得过头了？

孩子的自尊来自他们接收的信息和他们与世界的互动。10岁以下儿童的主要发育任务是搞清楚自己能做些什么以及如何融入世界。"我是笨蛋还是天才？"这是许多孩子心中的疑问。表扬被推崇为提升儿童自尊的重要育儿工具。但跟任何工具一样，它也会因使用不当或使用过度而变得无效。

对于以表扬为目的的育儿方式，我很是担忧。它有可能被过度使用。虽然我从来没听过哪个成年人说，他们为人处世不能应付自如是因为小时候受表扬过度，但过多的表扬是会让人泄气的。如果孩子们无论做什么事情都被夸奖了不起，那他们怎么才能知道自己究竟什么时候做了真正了不起的事情呢？有时候，平凡就是平凡，要承认它，不要刻意拔高。

要提升孩子的自尊，鼓励远比表扬管用，而且不会产生副作用——比如加剧手足对抗。两者之间差别很小，分清它们却很重要。鼓励着重于孩子做事情的过程，表扬则着重于最终结果。

鼓励性言论着重于努力、改进、参与、享受、贡献或信心，表扬则跟良好的结果挂钩。给予鼓励的家长会实事求是地向孩子反馈他们的表现，并且是从积极角度而不是消极角度出发。

给予鼓励的家长会注意到孩子在学习坐便盆方面做出的努力，并承认出错是学习过程的一部分，因此他们不会过于在意结果。表扬则不同，只有尿布干干净净、大小便全拉进便盆，孩子才会得到表扬。"鼓励"是认识到孩子参与游戏并享受游戏，而"表扬"的重点是获胜或有优异表现。其中的差别确实很微妙。对于用便盆、做游戏、吃饭等事情的结果，孩子实际上比成年人更在意。一旦我们变得比孩子更在意结果，我们就背离了初衷。总之，表扬关乎控制，鼓励关乎影响。

表扬跟奖励一样，运用适度才能有效。假如孩子吃多了棒棒糖，很快就会对棒棒糖奖励失去兴趣。同理，如果孩子因芝麻大的小事都能受到表扬，那他们会渐渐对表扬麻木，很难因此受到激励。

激发孩子的优点

我们大多数人习惯于盯着孩子做不到的事情不放。这不怪你，因为你曾经的老师和家长也总会挑剔你的不好表现，强调你需要改进的学科，鼓励你努力补齐体育、音乐或其他兴趣爱好方面的短板。

不妨换种方式。美国心理学家马丁·塞利格曼博士（Dr. Martin Seligman）倡导的"积极心理学"运动表明，我们发掘孩子的优点其实是在释放他们走向成功和幸福的真正潜力。优点由三个因素共同组成，家长们一个都不能忽视：表现（擅长某件事情）、激情（有兴趣去做）和高使用率（决定去做）。父母不要只关注孩子的弱点，而应该努力去发现孩子的优点。这种做法有助于孩子们找到适合自己的位置，降低兄弟姐妹之间直接竞争的可能性。

表现不好则一起受罚

你会因为一个孩子表现不好而让家里所有孩子共同承担后果吗？如果两个孩子在看电视的时候打架，你会关掉电视直到两个人握手言和，或者至少开始讲道理吗？你会因为一个孩子胡闹就打道回府从而让所有孩子都错过一项活动或者一次郊游吗？哪怕只有一个孩子负责摆桌子，你也会等一切就绪再把饭菜端出来吗？许多家长会在孩子们表现不好、没完成任务或者大吵大闹的时候追究始作俑者，而事实上，如果所有孩子都难辞其咎，那不如让他们一起受罚。让所有孩子为彼此的行为承担责任实际上会增强团队精神，使他们不再相互争斗。下次有孩子在车里太吵闹时，请按捺住追究最淘气的孩子的冲动。不妨提醒孩子们，如果他们继续在路上吵吵闹闹，那谁也别想去玩了。这样，你就把解铃的责任交给了系铃人，也就是孩子们。这个策略很适合大家庭，它能在不经意间促进兄弟姐妹彼此配合来避免共同承担不愉快的后果。

着眼于解决办法而不是争斗本身

兄弟姐妹间的争斗司空见惯，似乎已经成为童年的第一条戒律：要跟兄弟姐妹们争个高下，直到父母忍无可忍。孩子们打闹时，你会怎么办？是让他们安静点，让不听话的那个孩子回自己屋，还是把制造事端的孩子骂一顿？想置若罔闻几乎是不可能的，因为他们会大喊大叫，而且总是会有一个孩子找妈妈或爸爸出面干预。你的反应有可能加剧冲突和手足对抗，也可能平息争端。

我们来看看大多数争端的本质。它们通常始于鸡毛蒜皮的小事，比如看哪部家庭电影、玩什么游戏或者要不要分享。我的几个孩子就曾经为谁该坐汽车的前排而吵得天翻地覆。孩子们争吵的根源或许无关紧要，但由此造成的不和是家长极难应付的。它们常常发生在我们正忙的时候，我们根本顾不上好好处理。

孩子们的争斗通常有几个可以预测的阶段。第一个阶段还算安静，一个孩子招惹、挑剔甚至批评另一个孩子。到了第二个阶段，双方嗓门都越来越大，变得焦躁或凶狠。此时争斗全面展开，父母要做好准备迎来第三个阶段——孩子们在家里你追我赶，并伴有辱骂、叫喊和摔门。说不定还会真的打起来。

事情的高潮是，一个孩子或者两个孩子都哭着来找你告状，措辞都是老一套："妈妈，他/她打我，我可什么也没干。"此时你可能会戴上耳机，把音量调高或者躲到一边去。只要能不予理睬，怎样都行！

对于手足间的大战，父母一般可以采取两种对策：要么参与进去，要么保持中立。你可以根据孩子们的年龄、成熟度和自行解决问题的能力以及你能承受多大的噪声做出选择。

在《成为更好的父母》一书中，澳大利亚心理学家、育儿权威人士莫里斯·巴尔森建议父母让孩子们自己解决纠纷。他说："如果父母不理会兄弟姐妹间的争斗，让孩子们自行解决纠纷，争斗的发生率就会降低。"

巴尔森认为，孩子们为在父母面前争宠而斗，如果我们判定或惩罚有过错的孩子，那就正好达到了他们的目的。这不无道理，但大多数父母知道，当某些争斗发生在自己眼皮子底下的时候，很难做到无动于衷。

孩子往往需要父母帮助他们友好地解决争端。定期举行家庭会议或展开讨论是让孩子们解决分歧的绝佳方式，同时可以避免辱骂和争执。家庭会议还能让孩子们有机会以合理的方式发泄一下情绪或者消除彼此间的一些怨气。

当孩子们希望你调解时，要让他们知道你愿意帮忙想办法解决问题，但要避免偏袒某一方。要问他们为什么吵架，别问是谁挑起的，然后提出化解矛盾的建议。

当然，你不可能凡事都坐下来跟孩子们讲道理，但通过家庭会议或讨论，你至少可以教给孩子们一些实用的指导原则。别指望孩子们在习惯了打打闹闹以后会突然坐下来认真商讨如何解决争端，要现实一点，只要有进步就好。

如果想出面干预，一定要在战斗全面爆发之前就介入。措辞要坚决果断，让他们意识到自己的吵闹对你产生的影响。告诉他们：要么停止争吵，要么到别处去吵。

以下是处理不同年龄孩子间手足冲突的一些方法。

对两岁以下的孩子，处理手足之争的办法是分散注意力、转移注意力和解释说明：

· **让制造冲突的孩子分散注意力**。如果小宝宝打了哥哥姐姐，那就给他递过去一把玩具锤子和小钉板，和他说"我们来敲钉板吧"。

· **转移孩子的注意力**。如果一个孩子在兄弟姐妹看电视的时候去打扰他们，你可以说："朱莉正在看电视。你画画等她吧。"

· **解释说明**。年幼的孩子有时候不能完全理解事情的原委，这时成年人要为他们进行解释说明。你可以说："彼得骂你是因为你拿了他的玩具车，他很生气。"

两岁至五岁的孩子开始懂得他们在冲突中扮演的角色，帮助他们的办法是：

· 搞清楚是不是外部环境导致了冲突。东西太杂乱了？玩具太少？

· 向孩子解释清楚他们在分歧、问题或争端中的处境。"要是你这样招惹姐姐，她迟早会揍你。"

· 提示一些化解办法。视而不见，走开，或者要求他们停止争吵。

· 告诉他们能解决问题的恰当行为。"如果你能和亚历克斯分享玩具，那就太棒了。"

对于学龄儿童，关键是鼓励他们思考："我怎么才能自己解决这个问题？"

· 问问另一个孩子想怎样。

· 视而不见，或者躲到一个安全的地方。

· 教他们说"请你不要如何如何"。

·使用第一人称说"我不喜欢你如何如何"。

·提醒他们在向成年人求助的时候想一想："我想让成年人怎么做？"

孩子五岁就可以举行家庭会议了

定期召开家庭会议是增强孩子们之间的团结和减少不必要冲突的一种途径，能让孩子们有机会心平气和地表达不满，同时参与家庭决策。我坚信，父母定期召开家庭会议可以减少兄弟姐妹之间的竞争，促进手足关系的和谐。家庭会议的时间要短，每周或每两周举行一次，以轻松愉快的娱乐活动结束。跟所有会议一样，它们需要有效的领导并应遵循既定议程。

家庭会议上可以干五件事：

1.分配家务。

2.规划家庭娱乐。

3.讨论家里的问题，就关系到每个人的事情做出决定。

4.解决兄弟姐妹之间的矛盾，解答他们个人关切的问题。

5.最后吃冰激凌，或者发零花钱。

玩到一起，心才会在一起

你有没有注意到，当你和孩子们开心玩耍时，争斗就会停止或者减少？人们很少会边笑边吵。要确保全家人有时间一起从事愉快的活动，比如做游戏、读书等等，这样能增进孩子们之间的互动和亲密感。全家共进晚餐等仪式也有利于培养孩子内心的归属感。一旦孩子们相信并感觉到彼此是一家人，他们就更有可能团结一心，在遇到困难的时候相互照应。

确立牢不可破的家庭仪式

在生日、母亲节、父亲节、圣诞节等节日举行家庭仪式对于增强一家人的感情至关重要。没有仪式，家庭往往会分崩离析，或者大家各自为政。重组家庭的成功标志之一是双方都接受对方带到新家庭里的仪式和传统，并且愿意创建共同的仪式。

仪式可以很简单，比如家长每周一在孩子带到学校的午餐盒里附上一张表达赞赏的字条、睡前讲个故事，或者家长拍照记录孩子的成长。仪式必须是一个家庭所独有的，要具有约束力，从而表明所有参加者都是一个共同体。家庭仪式和传统对于促进兄弟姐妹之间的和谐关系大有助益，它能让孩子们明白，虽然家里每个人的兴趣爱好、性格气质各不相同，而且彼此之间有分歧，但大家都属于这一个群体。

第十五章　出生顺序影响上学与就业

　　在本书第一版的宣传活动中，我发现了一个有趣的现象。每当有人采访我，我都要问问对方的出生顺序。有趣的是，大多数纸媒记者都是长子女或独生子女，而电台和电视台主持人更有可能是中间子女或幺子女。在随后的几年里，我有幸时常与媒体接触，于是继续了解记者和主持人的出生顺序，而结果一如往常。纸媒记者无论男女都更有可能是老大或独生子女，而坐在摄像头前面或拿着麦克风进行采访的大多是弟弟妹妹。从出生顺序理论的角度来看，这是完全合理的。长子女善于发现细节、天性勤奋且比较内向，因而非常适合从事具有分析性和反思性的纸媒报道。中间子女和幺子女比较外向、富有创意、乐于冒险，正适合在镜头前面展示自我。这是奇特的反常现象、纯粹的巧合，还是说明了职业选择和教育成就确有一定模式可循？有证据表明，一个孩子的家庭排行、教育成就、职业选择和未来收入之间有着重大关联。

长子女更容易学业有成

在澳大利亚、美国和欧洲等发达的国家和地区，就大学招生状况进行的出生顺序研究显示，接受高等教育的长子女比其他排行的孩子都要多。这不足为奇，因为现如今长子女是最常见的出生顺序。然而，从比例来看，与其他出生顺序相比，长子女在大学生中占比也太高了。原因可能有两个。首先，高等教育以及此后进入的行业使人享有较高的社会地位。到目前为止，在澳大利亚等发达国家，中产阶级父母占比最高，而大多数中产阶级父母希望孩子能上大学并从事他们为其规划好的事业。如前所述，父母为第一个孩子投入大量的时间和精力，因而他们的第一个孩子最有可能取得成功。老大往往会尊重父母的意愿，因而更有可能走上父母所期望的学业道路。许多长子女刚一出生，父母就宣告了"你是一定要上大学的"。弟弟妹妹则不太在乎父母的想法，在做出学业和就业抉择时，他们考虑的是其他因素，包括社会正义、改变现状的愿望以及工作和生活满意度。对于后面出生的子女，父母的态度一般是"等等看吧"。

出生顺序人格影响职业选择

很可能长子女的个性更适合需要高等教育的职业。如前文所述，前不久在北欧进行的一项大规模研究发现，长子女更有可能从事法律、金融和医疗等地位高、收入丰厚的职业，也更有可能在大公司担任管理职务。弟弟妹妹则更有可能是自由职业者，或者从事音乐和表演等创造性职业。进一步的分析研究结果发现，长子女和弟弟妹妹们的人格特征与他们的事业是密切相关的。长子女在自觉性、情绪稳定性以及责任感和主动性等领导特质方面较为突出，弟弟妹妹则在性格外向和乐于接受新理念方面更突出。其他一些研究成果也佐证了这一发现，包括前面提到的俄亥俄州立大学的研究发现，弟弟妹妹们更有可能从事户外职业，包括贸易人员、园艺师和导游。研究认为，与对待第一个孩子相比，父母对后面出生的孩子的管束更为宽松，这让他们有更多自由和机会在哥哥姐姐埋头读书的时候跑到外面疯跑玩闹。这或许有点牵强，但不可否认的事实是，同老大相比，弟弟妹妹接受的养育有所不同。而且我可以作证，同哥哥姐姐相比，他们有更多机会开辟自己的人生道路。

职场的成功有赖于一个人的出生顺序人格与他们在组织或团队中的角色相匹配。在我自己的事业中，能够将不同人格类型与工作岗位正确匹配是一大优势，但这个过程中也有一些惨痛教训。例如，几年前，我聘用了一名年轻女子承担在我看来完全是常规性的文员工作。她的马虎与敷衍让我大失所望：复印出来的东西随意堆放，文件只写到一半就没了下文，常忘记接电话。经过多次商榷、提醒和指导，我们决定还是一拍两散算了。过了一段时间，我才得知她是一个富有创造力的老幺。

她不适合我交给她的常规性工作。接替她的是一名长女，喜欢这份凡事井然有序的工作。我准许她酌情在我的办公室里创建新的工作程序，这也让她甚为欣喜。

当我跟其他小企业主谈起员工的出生顺序与工作任务匹配的问题时，他们常常恍然大悟，意识到员工的人格类型并没有与其承担的任务实现最佳匹配。有个同行开了一家销售咨询公司，却竟然招不到合适的人来推销他的讲座。他的用人标准很高，但招了好几个人都觉得不能胜任销售任务。经过对出生顺序的分析，我发现他过去招录的三个人都是家里的老大。在他看来，这几个人做事井井有条，但都不爱打电话。我的这位同行接下来录用的人恰好是家里的老幺，事实证明这位新员工是销售天才。和许多老幺一样，他生性乐观、幽默，让人难以抵挡。他不怕遭到拒绝，所以从来不介意别人对他说"不用了，谢谢"。对一切销售岗位来说最重要的一点是，许多老幺具有锲而不舍的精神，不达目的绝不罢休。只要看到了一线希望，他们就会全力以赴，并不在乎做成一笔买卖要花多少时间。对此我是有亲身体会的：无论是想看自己喜欢的电视节目还是想借件衣服穿，每当我的小女儿有所求的时候，她就会锲而不舍地软磨硬泡，直到哥哥姐姐最终为了得到安宁而屈服。

根据人格类型和工作偏好来给人安排任务是常识。我并不是认为老幺不能当主管、老大成不了销售高手，但是，不同职业和岗位确实适合不同的人格特点。幼年养成的人格特点竟然会对人的一生产生如此深远的影响，这实在让人不可思议。

快乐地工作

人们在考虑职场成就的时候往往忽视了工作和职业满意度。我估计许多胸怀大志的长子女都不会把工作满意度放在首位，但视工作为乐趣而非苦差可以提升人的幸福感，而且可能有助于长寿。那么，哪个出生顺序的人在工作中最快乐呢？凯业必达招聘网（Careerbuilder.com）的调查显示，中间子女对目前工作的满意度最高。我认为这可以归因于次子女和中间子女往往期望不高。并不是说次子女都不期望好结果，只是他们对生活的期望总体上带有现实主义乃至宿命论色彩，因此他们更有可能对现有的工作感到知足。"既来之，则安之"说的就是次子女。此外，次子女和中间子女比长子女更注重跟人搞好关系。他们乐于妥协、善于合作，因而从工作中得到的精神和物质奖励会更多。中间子女的辩护者凯瑟琳·萨蒙认为，次子女和中间子女更注重过程，注重个人感受和良好的人际关系而非结果，因此他们每天的工作既充实又有成就感。

谁能担任领导

看到本书的书名，读者难免会以为，在所有出生顺序中，唯有长子女堪当领导。这样说并不准确。任何排行的人都可以成为职场、社区、政坛以及家庭的领导者。生为次子女或幺子女并非无法担任领导职务，只是他们的领导作风有别于长子女。

在本书中，我自始至终认为，出生顺序并不能决定一切，而只能用来表明一个人有可能成为什么样的人、选择什么样的职业以及有了孩子以后会采用什么样的育儿方式。一个人的早期家庭经历会塑造他的生活态度（生活方式信念）、兴趣爱好、人际关系和许多人格特征。他当领导的方式将受到这些过往经历的影响。长子女往往是重视权威的保守派，他们十有八九会是比较保守的领导者，有着强烈的控制欲，因而不太愿意放权。长子女看重权威，因此更有可能谋求管理角色。《出生顺序新解》一书的作者凯文·莱曼说，长子女最喜欢在等级层次分明的老牌大型企业中担任管理职务。这就可以解释为什么企业首席执行官（CEO）当中的长子女格外多。对雄心勃勃、勤奋努力、活在当下的长子女来说，在这样的企业中，通往成功的阶梯非常明确，等级划分一目了然，前进方向明明白白。

有趣的是，在我 2003 年撰写本书时，地理位置上距离我最近的两位总理都不是家里的老大。澳大利亚时任总理斯科特·莫里森（Scott Morrison）和新西兰总理杰辛达·阿德恩（Jacinda Ardern）都是二孩家庭里的老二。跟哈里王子一样，他们都与老大性别相同。两位领导人都在公开场合游刃有余，阿德恩对本国灾难的人性化回应得到了全世界的认可。弟弟妹妹习惯于密切关注最相邻的哥哥姐姐的想法和感受，以便学习并超越他们。弟弟妹妹们认识到，若要请哥哥姐姐帮忙，或者要违背他们的意愿，那最好先察言观色。他们还逐渐掌握了大量平和的沟通技能和解决冲突的技能，让哥哥姐姐无从招架，最终缴械。这些技能在需要讨价还价和圆滑手腕的政界非常有用。莫里森和阿德恩的政治理念不同，但两个人的领导风格都是高度重视人际关系，这很有可能是他们在原生家庭中发展和培养起来的，然后在职业生涯中得到锤炼。

建立充满活力的工作团队

几年前，我曾主管一个志愿者组织的执行委员会，其成员总是彼此意见不一。这个群体四分五裂，毫无凝聚力，每个人都想自行其是。看起来很简单的决策也会引起激烈争论，大家无法轻轻松松达成一致。大多数人的态度是"要么听我的，要么免谈"，他们根本不知"共识"为何物。我对这个群体不团结的状况深感失望，便在一次会议前问了问大家的出生顺序。不出所料，九名成员中有八个人要么是老大，要么是事实上的老大，只有我一个人不是老大！难怪我们难以达成一致意见——委员会成员全是喜欢当老板的长子女。我开始以全新的眼光看待这个群体，采取了不同的策略让每位成员各司其职。我成立了几个分委员会，由经验比较丰富的长子女领导。我撒手不管，让这些长子女做他们所擅长的事情——组织。作为一名领导者，我做了老幺该做的事——把难题交给他人，把喜欢的活儿留给自己。我给了那些桀骜不驯的长子女一些自由发挥的空间，赋予他们与其出生顺序人格相符的实际责任，于是我手下这个委员会的运作比以前顺畅多了。

群策群力的好处在于，如果一个群体维持的时间足够长，那么，大家最终会分化为不同的角色。如果我手下这帮长子女在一起齐心协力工作得更久一点，有些人就会开始承担起更符合次子女和幺子女人格特征的角色。团队工作从本质上讲就是要求有些成员发挥领导作用，有些成员富有创意，有些成员追求精益求精。这才是群体的精髓所在。

这段经历告诉我，只要弄清了大家的出生顺序，领导者或管理者就能对手下人员了解得八九不离十。切记，最为关键的不是一个人的出生顺序，而是他的实际职能。你不仅要搞清楚他们的排行，还要了解他们家里其他人的一些信息。我在前面已经讲过，一个孩子也许是第二个出生，但出于某些原因被当作老大对待，那么，其实际职能就是老大。在一次出生顺序讨论结束后，一名与会者告诉我，我的演讲让他突然明白了自己为什么一辈子都抵触冒险。他从来没把自己当成老大，因为他是第二个出生的。他向来以老二自居，但他的哥哥天生严重残疾，所以母亲把他当老大对待。他承担起照顾哥哥的责任，而且实际上父母是在他身上积累了照顾随后几个子女的经验。

常有人对我说，他们的行为方式与其排行特征并不相符。我通常会问他们觉得别人如何看待他们："你觉得别人是拿你当长子女、次子女或中间子女，还是幺子女？"记住，虽然紧邻的哥哥姐姐最有影响力，但你与弟弟妹妹的关系也要考虑在内。在回答这个问题时，人们通常会暴露其真正的出生顺序特征。"这个嘛，别人都拿我当老二。我其实没什么特别之处。""我是家里的第四个孩子，但我经常得照顾小弟弟，所以承担起了老大的责任。"

前不久，我加入了某组织的三人领导团队，该组织就像一台运转顺畅的机器。有着共同目标的团队高效运转，要由诸多因素来促成，我们也不例外。然而我认为，我们取得成功的一个必不可少的因素是，我们具有互补的出生顺序人格，而且我们承担了与自己相匹配的职责。组长是一个老二，具有这个出生顺序特有的人际交往技能和人格特点。他是一位富有魅力的领导者，善于把大家团结到一起，利用自己的人际交往特长增强了群体的凝聚力。跟许多次子女一样，他对冲突处理得当，不会让任何人感到委屈或者愧疚。团队的另一个人是精力旺盛的老大，负责了大部分组织工作。她同时肩负起引领者的角色，负责培育新的人才和组织中的年轻成员。

作为团队的第三个成员，我的行为非常符合幺子女特征。我是专门出点子的人，提出新的项目建议、给组织注入活力和激情，这再适合我不过了。（作为老幺，我从来不缺点子，但需要一个老大来贯彻落实。）我也知道，团队中的老大会负责大部分细节，并确保项目完成。

如何向不同排行的人推销

在《出生顺序新解》一书中，凯文·莱曼详细分析了如何向不同出生顺序的人推销。他声称，长子女喜欢直截了当、没有任何废话的推销方式，这与他们的性格是一致的。他们需要提纲挈领式的信息来帮助自己做出决定，不会轻易对销售过程中使用的彩色小册子和其他花哨手段动心。在向长子女推销时，要讲明你的服务或产品对他们有何用处，不要一个劲地介绍其性能或亮点。跟长子女做生意也很麻烦。莱曼说，长子女喜欢掌控感，所以千万别逼他们。"好处您都已经看到了，现在我来告诉您在哪里签字"，这样的做法对许多长子女是行不通的。他们十分慎重，往往喜欢花时间自己斟酌。急于成交有可能导致他们彻底放弃。长子女需要觉得是自己在主动购买而不是接受推销，当然，这并不意味着你不必跟进。对于这个群体，你恐怕需要锲而不舍，因为他们喜欢想好了再买。

据莱曼说，次子女和中间子女看重人际关系，因此，伶俐的销售人员会设法了解客户的朋友、家人和兴趣爱好。与直率的长子女不同，次子女喜欢别人问问题，所以，在向次子女或中间子女推销的时候，别不好意思。次子女不介意接受推销，这些人在工作环境之外通常乐于接听推销电话，所以莱曼建议，向他们推销时先让他们听听别人的意见，然后当即成交。

幺子女爱玩，所以莱曼说，向他们推销必须有趣。他们还喜欢冒险，因此比长子女更有可能尝试新潮流。对于长子女往往唯恐避之不及的花哨小册子、图表和幻灯片演示，幺子女往往饶有兴趣。他们比较冲动，更容易毫不犹豫地签下大名，因此莱曼建议，一有机会就赶紧成交。

第十六章　老师们的新工具——运用出生顺序理论管理、教育学生

　　优秀的老师总是在寻找一个切入点来帮助他们管理、激励和教育学生，然而关于学生出生顺序的大量唾手可得的信息往往被忽视。了解了学生的出生顺序情况，老师就能明白如何改进教学、维持课堂秩序和完善对每个学生的管理。

　　如果一个班里全是身为老大的男生，那可就有好戏看了。身为老大的男生都专横霸道，并且不爱冒险。如果一个班里大多是身为老大的女生，那就会涌现众多体贴周到、乐于分享的潜在领导者。无论这些孩子是男是女，老师可能都会发现，许多学生谨小慎微，需要极大的鼓励才会走出舒适区。

　　我在前面讲过，长子女的软肋是他们往往追求完美。他们常常故意拖延，来躲避自己不擅长的领域或活动。他们需要有人不断提醒自己：卓越不等于完美。老师要设法减轻老大们身上出人头地的压力。他们对自己的期望就已经够高的了，无须

成年人额外施压。长子女乐于接受鼓励而非表扬，因为前者关注的是学习过程而不是结果。要想提升长子女们的信心，老师必须着眼于他们的努力、改进和贡献，而不是结果。我在当老师期间发现，许多长子女对于一遍一遍修改作文怀有强烈的抵触情绪。他们并不是反感修改作文，他们只是很恼火自己的作文中竟然有错处。这些学生完全无法安安心心地坐下来改错，而次子女和幺子女往往会欣然先出错，再改错。长子女通常喜欢秩序，这有助于他们产生掌控感。因此，长子女们想要的大概就是循规蹈矩、没有意外的课堂。

从统计数据来看，一个班上会有将近五分之一的学生是独生子女，因此老师们最好有心理准备面对这些不爱分享、自信满满的孩子。独生子女与长子女相同的一点是，他们相当保守，想要什么就志在必得，而且他们讨厌出错。这些孩子对生活的期望也很高，一旦事情不顺就不高兴。我还怀疑一些独生子女有被霸凌的风险，因为他们缺乏在家庭丛林中捍卫自我的经验。

如果班上全是老幺，那老师就要准备好画架，因为老幺们往往都富有创造力、个个意气风发。不过，别指望老幺们动手支起画架，因为他们习惯于把这种活儿交给家里更有能力的人来做。对许多幺子女来说，生活就像是一片可以撒欢的海滩。此外，幺子女更有可能向老师提出挑战，他们想探索不同的或更好的做事方式。

如果班里的学生以次子女和中间子女为主，那局面就很难预料了。中间子女（十有八九在家里排行老二）通常受到哥哥姐姐的影响，因此，如果一个次子女的哥哥/姐姐是学霸，那么，他很可能会是一个热爱运动或艺术的学生。中间子女最常出现行为方面的问题，但成年以后为人稳重，不容易出现情绪问题。

幺子女通常都娇生惯养、感情丰富、性格外向、为人率真。幺子女不必满足父母的巨大期望，因此没什么压力，他们会去探索自己的路。创意和艺术领域有很多的幺子女，而长子女更有可能最终担任领导职务。

幺子女往往比较冲动，他们常常先行动，过后再操心会有什么后果。从积极的一面来看，他们比哥哥姐姐更有可能充分发挥潜力和尝试新事物。对男孩来说，消极的一面是，他们先做后想的倾向非常危险。身为老幺的女孩往往比较娇气，父母会对她们百依百顺。

幺子女或许看起来有点以自我为中心，这大概是因为他们往往在家里较少帮助他人。老师要给身为老幺的学生更多帮忙的机会，所以不妨让这些孩子当班长。幺子女能从混龄班级①中受益匪浅，因为他们每两年就有机会成为群体中年龄最大的孩子。有些幺子女在整个童年从未体验过当老大的感觉，所以这种编班形式对他们非常有益。幺子女往往是家里读书最少的孩子。孩子越多，父母的管教越少，其后果之一就是他们可能会忽略定期给最小的孩子念书。因此老师要明白，幺子女在这些方面往往需要他们给予更多的关注。

---

① 指将不同年龄的学龄儿童安排在同一个班级里玩耍、学习和生活。——编者注

了解一个孩子的出生顺序还应包括搞清楚其家里其他孩子的情况。如果老大非常出色，那么，紧随其后的老二很可能不会像哥哥/姐姐那样热爱学习。一般来说，中间子女或次子女会跟长子女背道而驰。如果老大富有责任心，老二就很可能是捣蛋鬼。如果老大严肃认真（他们往往确实如此），老二就很可能为人随和。

正因为如此，老师和家长切忌把孩子跟出类拔萃的兄弟姐妹相比。家长常常会在气恼之下脱口而出"你姐姐那么优秀，你怎么就不能学学她呢"，殊不知，这样的说法只会让年龄较小的孩子愈发沮丧。在兄弟姐妹之间进行对比，说明家长不懂出生顺序对孩子人格发展的影响。次子女或中间子女会观察哥哥姐姐，如果他们看到哥哥姐姐更聪明、更敏捷、更有能力，那他们很可能会另辟蹊径。帮助中间子女或次子女充分发挥潜力和取得成就的最好办法是让他们发挥自己的专长。

学校收集、记录了学生的大量资料。考试成绩、体检报告、出勤情况、违纪处分等等，全都分门别类记录存档，然而出生顺序信息通常被忽视。我认为，对于学习有困难的学生、受到停课或停学等处分的学生以及被霸凌的学生，出生顺序材料会揭示一些有趣的模式。有证据表明，在学习困难、行为问题和遭受霸凌这三个关键方面，某些出生顺序的学生格外容易为此而困扰。

各个学校和老师可以从对学生开展出生顺序调查着手。这项信息有很多用途，包括学生分班、识别"有危险"的孩子以及制订预防性的行为管理计划。然后，学校可以着手探究在各学科存在学习困难的孩子以及有行为问题的孩子的出生顺序。这会有助于尽早发现高风险学生并采取相应的帮助措施。

出生顺序特点与教学提示

出生顺序知识可以在课堂上得到运用。下面我们来仔细分析各个出生顺序，看看老师能如何利用出生顺序知识。

长子女学生

长子女通常比弟弟妹妹更有取得成功的动力。他们常常选择需要意志坚定、专注力强和纪律严明的工作，所以长子女一般都有很强的求知欲。

要记住，长子女与生俱来的处境就是：有压力，也有地位。他们通常是一家人的快乐之源，毕竟他们是家里的第一个孩子。他们尚未出生，家里就已经充满了期待。母亲怀孕四五个月的时候，全家人就开始给宝宝挑选名字；相册塞得满满当当，因为宝宝的每一个特殊时刻都留下了照片。不利的一面是，长子女往往必须承受压力，所以这个群体里面完美主义者居多不足为奇。

长子女学生的三个最重要的特点：

重视成就： 父母重视教育，所以长子女通常学习非常用功。

遵守规则： 排行老大的孩子更有可能遵从可靠的权威。

责任心强： 他们习惯了在家里承担责任（这是育儿模式造

成的）。

需要注意的长子女学生的三个特征：

不愿冒险：抵触失败意味着长子女不喜欢冒险。这个群体往往会远离他们无法有优异表现的事务或领域。

追求完美：他们往往把追求卓越与追求完美混为一谈。长子女更有可能是完美主义者，所以他们对自己、对他人都比较苛刻。

焦虑倾向：这种苛刻人格容易导致焦虑和其他心理健康问题。

有利于长子女的教学方法

1. **用夸奖激发动力**：长子女通常能从成人的认可中获得动力，因此老师对作业写得好、学习用功、有领导能力以及懂得与他人合作的夸奖会让他们大受鼓舞。

2. **确立秩序和规则**：长子女通常喜欢秩序及其带来的掌控感。规矩分明、鲜有意外情况的课堂会让长子女们感到踏实。

3. **引入心理学教育**：解释人的身体和大脑如何应对压力会有助于这个群体管理他们的情绪。在课堂活动中使用正念、深呼吸和运动能帮助他们抑制焦虑。

与长子女的家长打交道

要跟长子女的家长打交道，老师须在教育和管理两方面付出艰辛努力。家长通常都渴望和老师交流，搞清楚自己的孩子在学校都学到了什么。长子女的家长都是育儿新手，所以，在他们了解学校和子女的学习情况时，请做好准备给予他们足够的帮助。孩子上小学、上中学时的迎新环节也是长子女家长的迎新环节，因此学校既要帮助学生，也要帮助家长熟悉孩子们的教育环境。

这些家长往往非常焦虑，他们需要确认自己的孩子走上正轨、不断进步。他们也更有可能对自己的第一个孩子寄予厚望，从而给孩子施加过大的压力。

独生子女学生

追求完美、看重成绩、态度保守等长子女特点在这个群体中表现得更加明显。大多数关于出生顺序的研究表明，这个群体一般具有相当强的自尊，与其他排行的孩子相比，他们更自信、更能言善辩。他们小时候总有父母陪在身边，父母没有别的孩子要操心，因而把大量时间、精力和育儿资源都花在单单一个孩子身上。这一切让独生子女拥有巨大的学业优势。

独生子女学生的三个最重要的特点：

可靠：独生子女需要成年人的认可，他们一定会认认真真，并遵守课堂纪律。

保守：许多独生子女小时候有很多时间跟成年人在一起，因而会因循传统的家庭观念。

自信：这个群体受到父母的大力激励，往往有更多的独处时间，因而他们都口齿伶俐、知识渊博且自我感觉良好。

需要注意的独生子女学生的三个特征：

专注于自我：独生子女往往专注于自己的世界，会忽略周围的人。

不爱听批评：谁都不喜欢被人批评，但独生子女比其他出生顺序的人更容易对批评和负面反馈耿耿于怀。

追求尽善尽美：许多独生子女对世界、对自己抱有很高的期望，如果不能做到完美，那他们往往宁可不做。

有利于独生子女的教学方法

1. **鼓励独生子女与其他同学打成一片**：独生子女习惯于生活一帆风顺，与他人分享时间和空间绝非他们的强项。分组讨论、非正式社交和混龄教学有助于这个群体获得多子女家庭的孩子通常会具备的社交能力。

2. **帮助他们学会解决冲突**：有些独生子女感到难以应付群体环境中的人际交往，特别是解决与同龄人的冲突。不妨帮助他们学会解决冲突的各种办法，比如相互妥协、轮流做主和听取他人的意见。

3. **利用娱乐和玩耍让他们放松**：独生子女总是处于比较紧张的状态，所以对这些孩子要说说笑笑，切不可一本正经。避免对他们施加额外的压力，因为他们通常会给自己很大压力。

与独生子女的家长打交道

独生子女的家长对孩子倾注了大量心血，他们知道孩子生活中的每个细节，并且往往无微不至。跟独生子女的家长打交道时要认真倾听，因为他们能提供很多有用的信息。

独生子女的家长通常都不太了解发育常识，难免对孩子出现的一些问题大惊小怪，所以要设法让他们放心。学校可以举办育儿知识讲座，帮助家长采取与子女发育阶段相适应的育儿方法，这会让独生子女的父母受益匪浅。

次子女和中间子女学生

中间子女（很可能就是次子女）会受到哥哥姐姐的影响。一般来说，中间子女和次子女会跟大哥大姐背道而驰。如果老大富有责任心，老二就很可能会是捣蛋鬼。如果老大严肃认真，老二就很可能会为人随和。

中间子女实属生不逢时。积极的一面是，由于中间子女上有哥哥姐姐、下有弟弟妹妹，他们善于谈判，总体上具备一套熟练的人际交往技能。他们往往比较灵活变通，因为他们经常要迁就大哥大姐的生活节奏。与墨守成规的长子女相比，他们更能应对逆境。

次子女和中间子女学生的三个最重要的特点：

谋求正义：这些孩子生不逢时，既错过老大能享有的特权又错过老幺能享有的宠爱，因此他们具有强烈的社会正义感，往往会反抗循规蹈矩的条条框框。

灵活变通：这个群体能够顺其自然，非常灵活。

227

善于社交：他们通常比长子女要随和，身边的朋友更多。他们往往是将群体成员团结在一起的社交黏合剂。

需要注意的次子女和中间子女学生的三个特征：

叛逆：次子女往往喜欢按照自己的方式做事，这是因为他们前面有一个责任心强的哥哥/姐姐。

沮丧：哥哥/姐姐的优秀往往让次子女感到沮丧，或者觉得自己不够出色。

争强好胜：这个群体在家里一直处于追赶哥哥/姐姐的状态，所以做什么事情都争强好胜。

有利于次子女和中间子女的教学方法

1. **让他们参与团队活动**：他们通常喜欢与他人合作。要让大家轮流发挥作用，使他们有机会当领导。

2. **发现他们的特长**：这个群体往往难以发现自己的特别之处，那就帮助他们找到与哥哥/姐姐不同的兴趣或长处。这将有助于他们脱颖而出。

3. **花时间陪陪他们**：与其他出生顺序的孩子相比，这个群体单独与成年人相处的时间往往较少，所以他们非常重视在课堂上与成年人的一对一互动，包括游戏、对话和教学。

与次子女和中间子女的家长打交道

中间子女和次子女的家长已经积累了关于学校教育的宝贵

经验，这意味着他们可能不会像长子女的家长那样需要很多帮助。不过，他们可能会难以理解为什么第二个孩子的学习成绩或学习兴趣不如前一个孩子。要帮助这些家长明白：兄弟姐妹间天生有差异，而且老二通常需要时间来发现自己的长处和兴趣。

幺子女学生

家里的老幺往往爱撒娇、能操纵人，他们习惯于我行我素。这个排行的幸运之处在于，他们有哥哥姐姐牵扯父母的精力，而且他们通常不会有长子女那种必须表现优异的压力。

幺子女可能会显得有点以自我为中心，这大概是因为他们在家里通常较少帮别人的忙。家里有更大、更有能力的哥哥姐姐承担所有的责任，所以老幺很可能从小到大的姿态就是"我是来接受服务的"。

幺子女学生的三个最重要的特点：

冒险：老幺比哥哥姐姐更有可能探索新的领域，尝试新的体验。

创造力：家庭里最小的孩子往往富有发散思维，能以自己独有的方式解决问题。

锲而不舍：老幺要想取得成功往往必须比哥哥姐姐花更多时间、付出更多的努力，所以他们普遍具有锲而不舍的精神。

需要注意的幺子女学生的三个特征：

以自我为中心：人们总说幺子女都以自我为中心，这并不完全属实。然而，他们的确喜欢成为焦点，运用个人魅力和幽默来达到目的。

容易冲动：这些孩子有时会未经考虑后果便草率行事，因为他们习惯了在家里有人替自己承担后果。

常常自我怀疑：由于身边的家庭成员都比他们更有能力，这个群体往往怀疑自己。要表现出对他们充满信心，这样他们就更有可能努力达到你的期望。

有利于幺子女的教学方法

1.**给予他们责任**：幺子女往往在家没什么机会担任领导或承担责任，所以一定要让他们有机会在团队中当一当领导。混龄分组能让幺子女有机会给年龄更小的学生当领导或者给予同龄人指导。

2.**充分给予他们赞扬和鼓励**：这个群体喜欢受到关注，所以赞扬和鼓励会对他们产生良好的效果。

3.**给予他们压力**：跟兄弟姐妹相比，幺子女在家里往往可以得过且过，所以恐怕需要提醒他们刻苦学习以取得好成绩。

与幺子女的家长打交道

家长往往对最小的孩子迟迟不舍得放手，因此老师可能需要提醒他们在家里培养孩子的独立性。

积极的一面是，家长往往对最小的孩子没那么多顾虑，乐于采取比较放任和宽松的育儿态度。不过，家长往往疏于关注幺子女们的教育，所以要稍加提醒他们关心孩子的学习情况。

学生们为何如此焦虑?

我在这本书的第一版中曾写道:

随着家庭规模迅速缩小,在未来几十年,学校里孩子们的类型将发生变化。18岁以下的澳大利亚人当中已经有将近一半是长子女,专家们称这一比例将在10年内增加到60%以上。如果出生顺序理论可信,如果弗兰克·萨洛韦的研究结果准确,那么,再过几年,我们的学校里将充斥着思想保守、谋求认可、注重成就、高度焦虑、时刻处于紧张状态、追求完美的长子女。

将近20年过去了,虽然长子女数量的增幅没有预期的那么大,但学校里学生的焦虑程度空前飙升。虽然没有研究结果能证实焦虑的上升与长子女比例的上升有关,但我怀疑两者之间存在紧密的关联。虽然焦虑来源于人的生物学特征,但环境因素也要考虑在内。长子女从父母那里受到的压力更大,而且父母在养育他们的时候往往经验不足,这些很可能会加剧孩子的焦虑倾向。学校要认真考虑出生顺序对这批孩子的影响,并采取相应对策。办法包括:在课堂上融入心理健康教育;在学生的适当发育阶段引入心理学教育;在学生分班和分组时也要考虑到出生顺序因素,就像目前把他们的性别、爱好和成绩作为分组依据一样。

第十七章　归纳总结

房地产中介都会告诉你，买房时只有三个因素值得考虑：位置、位置和位置。如果是为了投资赚钱，那么，在繁华的市中心买一套老破小的房子远胜于在偏远的地方买一幢豪宅。

在人的发育发展过程中，位置同样举足轻重。阿德勒多年前就开创性地指出，人们在家庭中的位置会影响其人格、行为和世界观。这在如今看来似乎是显而易见的，但在当时是一个崭新的理念。能提出这种惊世骇俗想法的必定不会是家里的老大。

我写这本书就是要鼓励读者从出生顺序的角度来看待周围的人。我相信，出生顺序知识能让你对人的动机和动力有更深入的理解。不管你是作为家长、伴侣、同事还是朋友，与他人融洽相处的秘诀都在于了解人与人之间的差异。如今，尝试实现这一理想目标的人格理论和模型比以往任何时候都要多。虽然它们大多数是洞察人类行为的有用工具，但无一能胜过出生顺序理论，因为出生顺序理论简单实用。大多数人天生就懂得出生顺序原理，因为它是基本常识。我还认为，了解出生顺序原理是大多数人的第二天性，因为我们都在某种程度上自带出生顺序属性。我一谈起出生顺序就能马上引起大家的共鸣，因为人人都有切身感受，毕竟我们都有各式各样的家庭体验。一个不争的事实是，家庭体验给我们留下不可磨灭的印记。凯文·莱曼曾言之凿凿地强调，它"会跨越时间和空间，对你产生深刻的、有时会令人不安的影响，哪怕你认为自己已经长大"。

重要的是，了解出生顺序理论有助于你认清自己在家里所处的位置以及它对你人生的影响。你在家庭中的位置从许多方面影响着你的人生。它影响着你上学时的成绩，也影响着你的孩子们的学习成绩。它可能决定了你的择业，可能还会影响到你的孩子选择从事什么工作。它还会成为你择偶的一个决定因素。你的出生顺序和伴侣的出生顺序将关系到你们俩的婚恋能否成功。它还关系到你有多少朋友、有什么样的朋友。《新科学家》周刊上提到的一项意大利研究成果称，长子女患心脏病的概率是其他出生顺序的人的两倍。在家排行第几不仅关系到你的健康状况，还关系到你的预期寿命。出生顺序的影响是深远的，却往往被人低估。

你希望自己排行第几呢？孩子们几乎毫无例外地都对我说，他们的排行——不管排行第几——是最糟糕的。长子女抱怨父母管教太严，或者与兄弟姐妹相比太辛苦；次子女和中间子女抱怨不公平，认为在哥哥姐姐之后出生很不利；老幺则指出，从来没有人拿他们当回事，也没人倾听他们的声音。每个位置都有各自的优点和缺点，所以，不管处于哪个位置，最好坦然接受。我与孩子们和年轻人打交道的经验是，不为自己无法控制之事纠结的人过得最好。

从某些方面来讲，出生顺序是否有利取决于兄弟姐妹以及父母的排行。在某些家庭星座中，处于特定位置的孩子处处受气。这并不意味着处于不利位置的孩子就一定不会快乐、不会成功。出生顺序在很多方面都会对孩子产生影响，以至于他们认为自己在家庭中所处的位置注定了他们的命运。性情、家风、养育方式以及兄弟姐妹的性情和爱好都会在成长岁月里对孩子产生影响。重要的是，人是有认知能力的，能够决定自身的命运。至少，我们可以决定自己在特定情形下如何思考、感知和表现，这是我们必须教给孩子的一课。我们不能纯粹听天由命，也不能把命运不济归咎于父母或兄弟姐妹。

关于出生顺序，要切记以下七点：

1. 重要的不是一个人在家庭中所处的位置，而是他所发挥的职能。如果一个人不符合既定的出生顺序人格，不妨看看有哪些变量导致了这一偏差。多了解一个人的家庭背景是很有意义的。

2. 家庭规模在缩小，因此，在仔细探究每个排行的状况之前，不妨先从头胎子女和弟弟妹妹两大类的角度看待出生顺序。

3. 我们通常对年龄相近的哥哥/姐姐言听计从，因此，如果想弄明白你自己或者你的孩子与出生顺序人格的相符程度，不妨从年龄相近的哥哥/姐姐身上找找线索。研究出生顺序要着眼于全局，因此，你对一个人的家庭背景了解得越多，就能看得越清楚。

4. 各个出生顺序没有优劣之分，但每个位置都有其优缺点。你如何看待孩子的优缺点会受到你自身出生顺序的影响。身为老幺的家长比身为老大的家长更能接受孩子的缺点，后者往往设法弥补或纠正孩子的不足。

5. 除了排行、性别、年龄差和性情，父母养育子女的方式也很重要。是父母塑造了孩子们的生活和社交环境。

6. 孩子的出生顺序人格是在人生头五六年间形成的，因此，童年是一个孩子发展发育的关键期。

7. 出生顺序只是孩子未来的决定因素之一，不是唯一因素。没有哪种人格系统是板上钉钉的，能够完全决定孩子的成长模式。我多次讲过，从出生顺序的角度来看待家庭里面子女的异同是一件很有意思的事情。在解决涉及幼儿和青少年的诸多问题时，必须考虑到这一点。

在尝试理解孩子之间的差异和处理兄弟姐妹之间的激烈争斗时，家长一定要记住：孩子做出不合常规的举动是为了寻找属于自己的位置。要接受差异，着眼于他们做事的过程而不是结果。

如果两个单亲家长打算把两个家庭进行重组，那他们先要想想孩子们的年龄和出生顺序。无须因出生顺序而止步，但要考虑到孩子们的出生顺序以及你们的结合可能会产生的影响，这样就能帮助孩子们顺利渡过这一难关。

老师在规划课程安排时要考虑出生顺序对教学方式以及学生分组情况的影响。

对于校长和教导主任们来说，要注意那些有焦虑倾向的学生的出生顺序。长子女和独生子女的数量都在增加，焦虑情绪普遍上升并不令人惊讶。

对于招聘年轻人从事兼职甚至第一份工作的雇主来说，要留意他们在家庭中的排行，并了解他们与兄弟姐妹的关系。这将为你管理和激励他们提供指南。

最后要说的是，出生顺序原理可以运用到儿童和成年人生活中的许多领域。从出生顺序的角度看待他人是件非常有趣的事情，但它绝非万无一失。孩子在家庭中所处的位置只是人格、成绩和未来成就的一个预测指标，却也是一个强有力的预测指标。若想养育和教导出开朗乐观、适应力强和充满自信的孩子，家长和老师无疑要考虑到这个因素。若想跟与你共事或一起生活的成年人建立良好的关系，也要考虑到这个因素。在探究人类行为所受的影响时，出生顺序是最不受重视的，但它其实是最简单、最容易掌握的影响因素之一。出生顺序理论完全是常识，而在人们总是把简单事情复杂化、把普通知识专业化的当今时代，常识是稀缺资源。

参考文献

图书

Adler, Alfred, *Understanding Human Nature*, Greenberg, New York, 1936.

Adler, Alfred, 'The Individual Psychology of Alfred Alder', in H. L. Ansbacher & R. R. Ansbacher (eds), New York, Harper & Row, 1956.

Balson, Maurice, *Becoming Better Parents*, ACER (third edition), 1989.

Costello, Tim, *Tips from a Travelling Soul-searcher*, Allen & Unwin, 1999.

Grose, Michael, *One Step Ahead*, Random House, 2001.

Hawkes, Tim, *Boy Oh Boy*, Pearson Education, 2001.

Konig, Karl, *Brothers and Sisters: The Order of Birth in the Family*, Anthroscopic Press, New York, 1963.

Leman, Kevin, *The New Birth Order Book*, Fleming H. Revel, 2000.

Prior, Sanson, Smart & Oberklaid, *Australian Temperament Project,* 1983 – 2000, Australian Institute of Family Studies.

Richardson, Ronald, & Richardson, Lois, *Birth Order and You*, Self-Control Press, 2000.

Salmon, Catherine and Schumann, Katrin, *The Secret Power of Middle Children*, Plume, 2012.

Sulloway, Frank, *Born to Rebel*, Scribe, 1998.

文章及其他资料

Campbell, Robert J., Jeong, Seung-Hwan, and Graffin, Scott D., 'Born to Take Risk? The Effect of CEO Birth Order on Strategic Risk Taking', *Academy of Management Journal*, vol. 62, no. 4, 2019.

Dreikurs, Rudolf, MD, 'The Courage to be Imperfect', speech, 1962.

Manning, Leah, 'Birth Order and Marriage: Examining Homogamy, Gender, and Remarriage', *The Journal of Individual Psychology*, University of Texas Press, vol. 6, no. 3, 2020.

Ohio State University, 'Birth Order Affects Career Interests, Study Shows', *Science Daily*, 1 June 2001.

Qu, Lixia, 'Families Then and Now', Australian Institute of Family Studies, July 2020.

Schilling, Renee, 'The Effects of Birth Order on Interpersonal Relationships', *Scholars*, McKendree University, issue 1, 2001.

Young, Emma, 'Firstborn People Prone to Heart Disease', *New Scientist*, 2001.